儿童性教育，从家庭开始

日本朝日新闻出版／编著
[日] 浅井春夫　[日] 艮香织／监修
梁佩仪／译

中国妇女出版社

Original Japanese title: OYAKO DE HANASOU! SEIKYOUIKU
Copyright © 2020 Asahi Shimbun Publications Inc.
Original Japanese edition published by Asahi Shimbun PublicationsInc.
Simplified Chinese translation rights arranged with Asahi Shimbun PublicationsInc.
through The English Agency (Japan) Ltd. and Qiantaiyang Cultural Development (Beijing) Co.,

著作权合同登记号　图字：01-2021-6425

简体中文版版权由中国妇女出版社有限公司所有

图书在版编目（CIP）数据

儿童性教育，从家庭开始 / 日本朝日新闻出版编著 ；（日）浅井春夫，（日）艮香织监修 ；梁佩仪译．-- 北京：中国妇女出版社，2022.11
ISBN 978-7-5127-2085-5

Ⅰ.①儿…　Ⅱ.①日…②浅…③艮…④梁…　Ⅲ.①性教育－儿童教育－家庭教育　Ⅳ.①G479②G78

中国版本图书馆CIP数据核字（2021）第273972号

责任编辑：耿　剑
封面设计：李　甦
责任印制：李志国

出版发行：中国妇女出版社
地　　址：北京市东城区史家胡同甲24号　　邮政编码：100010
电　　话：（010）65133160（发行部）　　65133161（邮购）
网　　址：www.womenbooks.cn
邮　　箱：zgfncbs@womenbooks.cn
法律顾问：北京市道可特律师事务所
经　　销：各地新华书店

印　　刷：鸿博昊天科技有限公司
开　　本：150mm×215mm　1/16
印　　张：9.5
字　　数：75千字
版　　次：2022年11月第1版　　2022年11月第1次印刷
定　　价：59.80元

序　言

性教育应重视孩子们的问题

性教育是从孩子们询问“为什么”“为什么会这样”“是那样吗”的对话开始的。因为大人可能也没有接受过必要的性教育，突然间被问到这样的问题，自然会非常紧张。不过，就算是爸爸妈妈，现在接受性教育也不迟哦！

爸爸妈妈们，请和孩子一起进行性教育吧。家庭性教育就是起点。如果能早早地和孩子们一起学习性知识，就能帮助他们建构更好的人际关系，这一点至关重要。带着这样的愿望，本书将具体介绍性教育亲子对话时一些的要点。

如果你被问到以下问题，该怎么回答呢？

- 男孩子尿尿的地方叫“小鸟鸟”，那女孩子的叫什么呢？
- 小宝宝是从哪里生出来的呢？难道是要把妈妈的肚子切

开吗？

- “勃起”“性爱”“接吻”，这些到底是什么呀？

孩子们的问题往往始于好奇自己的身体以及自己是如何出生的，这些问题会渐渐发展为人与人之间的关系问题，最终变为社会问题。例如，他们可能会问以下相关的问题：①身体，②出生，③家庭，④性行为，⑤性的多样性，⑥社会关系和文化……

我们通过驾驶汽车的例子来看看性教育的意义吧。开车需要驾照，为了取得驾照，我们需要学习必要的法律知识（性教育则需要学习家庭法与刑法等）与汽车的机械构造（性教育则需要学习身体构造），并且我们必须进行实际操作练习与驾驶证考试（真正的人际关系）。为了能够安全驾驶，我们必须学习驾驶相关知识并认真实践。

本书就是为了各位爸爸妈妈能够与孩子们一起探讨性教育问题而写的“实际操作”参考书。

希望你尝试的事情

第一，不要只是等待孩子们的提问。如果只是等待，可能最后亲子之间什么都无从谈起。所以，如果在日常生活中遇到与性有关的事情，大人可以不经意地提起与性教育相关的话题。这也是本书希望你尝试的事情：如果此前很少与孩子们交流性的话题，那就请从现在开始主动和孩子们愉快交流吧！

第二，不要将性教育全丢给母亲这样的女性角色。父亲这样的男性角色，他的积极参与也非常重要。你可以与伴侣或是关系要好的朋友一起交流意见：“如果你被问到了这样的问题，会怎么回答呢？如果是你的话，会怎么说呢？”

注意，本书中介绍的亲子对话并非唯一标准，仅供参考。家庭性教育需要亲子一起探索，保持学习心态，不断学习新的知识并创造自我。毕竟，性教育对于大人来说也是具有挑战性的课题。

孩子们虽然会问各种各样的问题，但请你不要过于紧张，不用非得寻求一个正确答案。只需要你保持放松的心态，回应他们：“这是一个很重要的问题，让我们一起来思考吧。”

除此之外，家长们也可以支持并协助托儿所、幼儿园、学校等开展性教育。进行性教育并不是只能在家里进行。换句话说，只有学校的性教育逐渐体系化、广泛化，才能培养出孩子们的自主性与群体共同生活的能力。这样，性教育作为人权教育的一部分，才能够真正尊重孩子们学习权利的实践。我们希望，所有的孩子接受性教育的权利都能被保障，每一个孩子都能走上自己的幸福人生之路。

因此，本书写给那些希望帮助孩子们的人。

[日] 浅井春夫

[日] 艮香织

目 录

PART 1 性教育请从家庭开始吧

PART 2 为什么性教育如此重要

PART 3 为了保护孩子不受性侵害

PART 5 让我们开始性教育“实践”吧！

PART 6 这个时候怎么办呢

孩子出生啦！
母子平安！
婴儿是从哪里来的呢？
为什么我没有"小鸟鸟"呢？
人为什么有"咪咪"呢？
这……这……
我也不知道。
因为我们的身体就是这样的……
这……
为什么？
为什么？
为什么？
这……

PART

1

性教育请从家庭开始吧

被孩子问到有关性的事情，家长一定会大吃一惊吧！其实这并不是什么难以启齿的事情，让我们一同在家里开展性教育吧！

所谓“性教育”，到底是什么呢

▶ 性教育是有关身体、生命的，为了幸福的教育

一听到“性教育”，你会想到什么呢？是不是会想到青春期的身体变化、月经、射精，以及生殖和性传染病的预防等呢？可是，真正的“性教育”包含的可不止这些。

虽然听上去有些难懂，但目前世界主流观点是应实行“全面性教育”。“全面性教育”包含以下3个学习要点：

①包含生殖器官在内的身体部位的学习；

②关于与别人幸福交往及探索人体知识；

③对于如何建构健康的人际关系的学习。

2018年，联合国教科文组织发布了《国际性教育技术指导纲要（修订版）》，关于“全面性教育”的核心概念分为8个部分（参照下页右表）。性教育包含了各种家庭的组成形态、生存和性的关系等方面，有的方面也许会让人感到出乎意料：“这样的内容也包含在性教育里吗？”其中也有许多通过日常交谈就可以让家长在家庭中开展性教育的内容。如果大家都认为“性教育=和性行为有关的事情”，那么进行性教育的难度就太高了。

国际性教育技术指导纲要（修订版）

①关系

亲情、友情、长期关系等

②价值观、权利、文化与性

价值观、人权、文化、社会和性意识等

③理解社会性别

社会性别与性别偏见、性别暴力等

④暴力与安全保障

暴力、许可、隐私与信息、身体的安全等

⑤健康与福祉技能

性行为的规范、关系影响、传播媒介的影响等

⑥人体与发育

生殖、生理学和青春发育期等

⑦性与性行为

性行为、性的生命周期等

⑧性与生殖健康

怀孕、避孕、艾滋病等

进行性教育真的好吗

▶ 正确的性知识能保护孩子

在很长一段时间里，日本人都是“谈性色变”。

即便是学校，也没有认真地开展过性教育。你还记得在课堂上学到过多少性教育的知识吗？如今，在中学进行性教育的平均时长为3年内9.19小时。然而，在芬兰，时长能达到17.3小时（基础学校7～9学年），韩国大约是每年10小时。如下页图所示，可以很明确地看出：日本家庭进行性教育的比例非常小。

除性教育不足这一因素外，关于性的错误信息也是满天飞，而孩子们正暴露于这样的环境之中。

很明显，在日本，性教育并没有得到推进，原因是日本人认为性教育是在“叫醒沉睡的孩子”。“如果进行性教育的话，孩子们就会尝试性行为，所以还是不要让他们知道比较安全。”这样的想法普遍存在于学校教育中。

然而，日本性教育协会的调查报告显示，在学校接受了性行为、避孕等教育的人采取避孕措施的概率更高。掌握了性知识的孩子们，能够了解意外怀孕和性传染病的风险，并且更加慎重，所以那种所谓的“叫醒沉睡的孩子”的想法完全是错误的。

在家庭中进行性教育的比例
（2007年日本内阁调查）

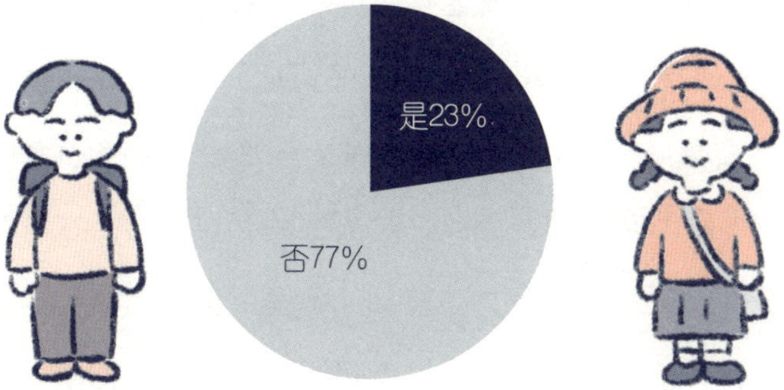

性教育从什么时候开始呢

▶ 从出生开始，在任何场合下都能进行

性教育从孩子几岁开始比较好呢？联合国教科文组织发布的《国际性教育技术指导纲要（修订版）》建议从5岁开始，《欧洲性教育标准》则表明应从0岁开始，而且在后者中，性教育的内容非常宽泛。因此，从出生的时候开始，在所有的场合下都可以进行性教育。“婴儿从哪里生出来的呢？”“为什么哥哥有‘小鸟鸟’，我却没有呢？”当被孩子们问到这类与性有关的问题时，性教育就可以开始了。

孩子们不会觉得下流、羞耻，他们会坦然接受你的回答。可当孩子进入青春期后，再和他突然聊起与性有关的话题，双方都会有些尴尬、害羞，并且让性教育变得困难起来。

▶ 在浴室以外也有很多机会

很多人说："进入浴室的时候，就是进行性教育的好时机。"请不要局限于浴室这一个地方。的确，在浴室中大家是赤裸着身体的，很容易教会孩子辨认身体各部位的名称。然而，孩子每次都在浴室中接受性教育的话，也会厌烦吧！

在浴室之外的场合，可以边看绘本边进行性教育。另外，在看电视的时候，遇到有关性的画面，可以和孩子玩儿假装医生与病人的游戏，这也是很好的机会。

不过，不要突然进入严肃的学习状态，你可以这样问："可以随便触摸别人的身体吗？"并且要尽量使用轻松的语气。

被问起性的问题，怎么办才好呢

▶ 先表扬孩子提出问题

被孩子突然问起性的问题，你会大吃一惊吧。如果没有做好心理准备，你也许会不经意说出“这样的事情不要问了！”这样否定的话。大人们最初的反应是非常重要的。如果在这里采取否定的态度，孩子们就会认为性是不能问的话题，也就不会再向父母问关于性的问题了。

突然被问到，感到非常惊讶的时候，作为大人，你先让自己喘口气，回答他们：“提出了一个好问题呢！”“为什么会这么想呢？”

就算是父母也会有不知道的事情，只要在自己知道的范围内回答就可以了。如果遇到不知道怎么回答的问题，可以回答他们：“是呀，为什么呢？”“我们一起查查看吧！”

重要的是，孩子好不容易问出口，不要扼杀他的求知欲。一直这样做下去，即使之后到了青春期或者成年期，孩子们也能够轻松地和父母谈论性的问题。

在家看电视的时候，遇到情爱画面，是不是感到空气都凝固了呢？如果是唯美的场景，大人也许还能说：“两个人真相爱呀。”如果是让人感到尴尬的场景的话，建议说：“这是珍惜对方的行为哦。”

性教育应该说些什么内容呢

▶ 尝试问问孩子“你怎么想”吧

即便早早开始了性教育，但还是有家长想问：“孩子们能理解多少呢？”“我不知道孩子们能理解到什么程度啊！”

这个时候，我们建议你尝试问问孩子：“你怎么想呢？”这样一来，根据孩子的回答，你就能知道孩子理解了多少。

具体要如何去解释，我们在“PART 6”会介绍详细的例子。

另外，请尝试利用性教育的绘本吧。

目前，市面上已经拥有许多面向儿童的优秀绘本，使用这些绘本也能让性教育更顺利地开展下去。

很多大人会认为，既然是对小孩子进行解释，理所当然地觉得“反正孩子也不懂”，因而容易陷入单方面的说教。可是，孩子们也拥有自己的想法，甚至拥有比大人更丰富的感情。

所以，大人不要单方面说教，要问问孩子：“你为什么会这么想呢？”“你怎么想的呢？”然后针对他的疑问，引导他说出自己的想法，再与他们进行对话。

听了孩子的想法，不仅可以知道他理解了多少，也能够了解深藏在孩子心底的烦恼。这样能给孩子一种“爸爸妈妈在听”的安全感，有利于对话的顺利进行。

所以，尝试着引导孩子说出自己的想法吧！

交流时必须注意的话有哪些呢

▶ 要避免“不行”这样的否定词

不只是性教育，吃饭也好、玩儿也好、洗澡也好，孩子通常都不会照着大人的意思做。孩子不是家长的所有物，而是拥有自我人格的人，拥有自己的专属世界。他们能够完全按照家长意思来做的，恐怕只有他们的名字了吧。

因此，我们希望你注意的是，尽量避免使用“不行”这样的否定词。

虽然孩子有时会做家长们不喜欢的事情，但他们也许有自己的理由。请不要不分青红皂白地斥责他们，多去想想“为什么这个孩子会这样做”。

就算是大人，被否定了也会很难受，更何况是孩子。

发脾气、闹别扭、不作声、哭鼻子……那些尚不具备语言能力的孩子只能通过这些非语言的行为来传达自己的想法。因此，理解他们的行为想要表达的意思是非常重要的。

尽量不要使用以“你”为主语的语言，例如“你为什么要这样做！”“你不可以这样做”。请多使用以“我”为主语的语言，例如“妈妈（爸爸）不希望你这样做”“妈妈（爸爸）觉得这样做不好哦”。

不要否定孩子，而是陈述自己如何想、自己想怎样做，这样才能正确向孩子传递出自己的想法。

从身体部位的名称开始吧

▶ 幼儿性教育从认识身体部位开始

性教育的起点从哪里开始比较合适呢？就像我们在本书前面所说的那样，如果我们告诉他们“性教育=和性行为有关的事情”，那么性教育就会变得非常困难。针对幼儿期孩子的性教育，请从认识身体部位开始吧！

头、胸、手腕、腋窝、腹、肚脐……和孩子们一起，像这样一个一个地学习身体部位的名称和功能。手指有什么作用呢？手呢？眼睛呢？即使说到了生殖器，也请和孩子们一起记住它们的名字，并教他们了解生殖器的功能。

除了眼睛能看到的部位，也聊聊眼睛看不到的身体内部的部位！虽然因人而异，但一般来说，想要理解那些肉眼看不见的身体部位，孩子起码要到9～10岁。所以，对于两三岁大的孩子来说，理解眼睛看不见的地方是很困难的，在这种情况下，使用绘本来教他们是个不错的选择。

例如，边看绘本边告诉他们：在腹部有胃和肠，嘴里吃下去的食物会被肠胃吸收，再变成大便从肛门排出体外，而便秘或者腹泻时肚子会很疼。这样孩子们就会理解：我们的身体就像一个巨大的网络，各个部位是相连的。

大脑和身体是相连的，胃和肠也是相连的。请像这样告诉孩子们：我们的身体不是各个孤立的部位，而是一个相互连接的整体。

能够表达出“身体的这个地方很疼”是一种读取身体信息的能力。这个时候，不要说“男子汉要忍住”，而要告诉他们：“很疼吗？这是从身体传达出来的信号哦！”

尤其是在孩子受到性侵害时，他能自己说出“这里很疼”是极其重要的。关于这一点，我们将在“PART 3”详细说明。

认识身体部位吧！

女孩

*外阴——女性的外生殖器，与男性的阴茎相对。

男孩

怎么教孩子认识生殖器的名称呢

▶ 和其他身体部位的名称一起教

大家认为最难教的，应该是生殖器的名称吧。

很多人都这样想，要是能和教其他身体部位那样自然地去教外阴、阴茎这些部位就好了。其实重要的是，不仅要教孩子认识这些名称，还要教他们知道这些部位的功能。

在幼儿时期，孩子们知道阴茎（作为排泄器官）是用来排泄小便的就够了；但到4～5岁时，除了这些，家长们也需要教他们知道相关的生殖功能。

睾丸是孕育婴儿的基础和源头之一，教他们知晓睾丸相关的生殖知识，也许就能向他们解释婴儿是从哪里来的。但是，孩子的理解能力也是因人而异的，不可以强迫他们理解。因此，要在他们关心、询问的时候教给他们。

根据孩子们的理解能力与兴趣，如果他们已经理解了眼睛能看到的部位，那么就可以教他们关于卵巢、子宫、睾丸等身体内部、看不到的器官名称与功能了。

不要把月经或射精特殊化，自然地展开这些话题，再延伸到生命的话题上。

▶ 通过自己清洗身体，培养出一种“身体观”

孩子在2～3岁时，可以让他在洗澡时自己清洗身体。这样做可以培养他“身体是自己的”观念，树立一种好好保护自己身体的“身体观”。在学习了生殖器的名称与功能之后，也可以锻炼他们自己清洗生殖器。

洗澡时，孩子不仅能够理解什么是私密的，还能够根据家长所教的洗澡方法，真实地感知自己的身体。

怎样回答“小宝宝是从哪里来的”

▶ 关于来源的问题，和其他问题是一样的

“宝宝从哪里来的？”

在你还是孩子的时候，想必也问过这样的问题吧。如今，身为家长，你的孩子应该也问过同样的问题。突然被问到这样的问题，如果没有做好心理准备，大多数人会目光躲闪，难以回答吧。

是不是听过很多人说“是鸟衔过来的”“在桥下捡的”？

其实，在这个时候，家长的反应至关重要。如果家长非常着急，用否定的态度回答：“为什么要问这样的问题呢？！”孩子一定会认为“这样的事情原来是不可以问的”“这个问题再也不可以问了”。

大人几乎没有学习过性知识，所以如果被孩子问到关于性

的问题，就非常容易陷入自己的情绪之中。对于孩子来说，这个问题其实和其他问题是一样的。之所以这么说，是因为孩子问这样的问题时，可能是见识了身边人（亲朋长辈）怀孕或生产的场面。朋友的妈妈肚子变大了，可过了一阵子又变没了，多出了一个小婴儿。孩子看到这样的场景，当然会发出“为什么”的疑问。

具体例子在“PART 6”有详细介绍。注意，要根据孩子自身的发展状况，用他们能够理解的话解释。这个问题的解释不能“一劳永逸”，而是应该结合孩子的成长，多解释几次，让他们充分理解。

同时，可以使用绘本向他们说明，家长们可以好好利用绘本。

要保护什么地方呢

▶ 重要的地方并不只是“隐私区”

性教育的目的之一，就是保护孩子免遭性侵害。这意味着孩子应了解包含生殖器在内的自己的身体，保护好自己的身体，学会“珍爱自己的身体”。孩子要理解“身体的舒服与不舒服”，如果有人让自己不舒服了，就要大声说出“不行”。这也是性教育的重要主题之一。

在面向儿童的性教育图书中，有介绍所谓的“隐私区”的内容。“隐私区”主要指隐藏在内衣或泳衣下的身体部位（例如胸、屁股、生殖器，以及没有被包裹的嘴巴）。这些地方是不可以让他人触碰的重要部位。

“‘隐私区’非常重要，不可以让别人看或让别人碰哦！”这样的解释对于年龄很小的孩子来说非常易于理解，某种程度上能够保护他们免受侵害，但这是远远不够的。也就是说，某些侵害幼儿的人未必会直接触碰“隐私区”。

他们在一开始仅是与孩子搭话，然后触碰他露出衣服的部位，例如手、手腕、脚等；再花一些时间和孩子建立起所谓的“信任”，之后去触碰孩子的隐私部位；最终“成功得手”。

所以，孩子应该知道的是，不仅是“隐私区”，整个身体都很重要。要建立起这样的观念，就应该让他们了解身体。前面已经介绍过身体部位名称，在下一页将介绍“隐私区”及注意事项。

遇到任何困扰或苦恼、想要大声说出“不行”的时候，能够正确说出身体部位的名称是非常重要的。

这里是“隐私区”！

女孩

除了嘴巴，头和手、脚也要注意。
身体所有的部位都是只有自己才可以触碰的重要部位。

除了嘴巴，男孩也需要注意胸部、手、脚和头，
不要让他人随意触碰。

身体的重要部位如何教呢

▶ 重视并培养孩子判断“舒服”“不舒服”的能力

如前面所说，性犯罪者通常会绞尽脑汁地接近孩子。所以，需要向孩子说明的、需要引起其重视的，不仅是“隐私区”，还应包括身体的全部。

家长应该教给孩子，即便是“隐私区”以外的地方，“被别人触碰到了也是很奇怪的”。由身边的人、亲朋好友、老师等熟知的人进行的性犯罪案例并不在少数。所以，如果仅通过“认不认识”来判断对方能否触摸自己的身体，是非常危险的。

那么，应该怎么做呢？答案就是培养孩子判断“舒服”“不舒服”的能力。

“被这个人触摸了，很难受”“虽然没办法用语言说出来，但感觉怪怪的”“很讨厌的感觉”……家长应该培养孩子拥有这样的感知力。如果孩子感到不舒服，那就有可能在遭遇性侵害，这个时候要让他勇敢地说出“不行”。

在日本，忍耐被认为是美德，即便是正在遭遇讨厌的事情也要忍耐，大人往往不会教孩子说“不”。

勇敢地说出“不行”的能力，是萌发自我的起点，也是自立的必要条件。

如果对爸爸妈妈说了“不”，爸爸妈妈很可能会生气吧。虽然有这样的时候，但家长也应该看到“孩子成长到能反抗的阶段了”。在他们说“不”的时候，家长可以表扬说：“能说‘不’了，真不错。”

这样一来，如果他人做了令孩子讨厌的事情，孩子也能够说出“不可以”，从而避免进一步遭受伤害。

“痛”“很难受”，这些不舒服是从身体传达出来的重要信息。如果提前训练孩子用语言传达这些信息，那么他就会慢慢拥有保护自己身体的能力。

请尊重每个人的“不同之处”

▶ 要让孩子认识到人与人的差异

人们容易关注自己与周围不同的地方。我和×××在这里不一样，×××的家和我们家有这些不同……

在性方面也是一样的。在身体、声音、力量、生殖器等方面，每个人都不尽相同。尤其是孩子们，他们是很擅长找到不同之处的。

然而，相同之处是多于不同之处的。

此前的性教育都是从男女的不同之处开始的，而本书则希望孩子们能在理解男女有许多相同之处的基础上，再理解男女各自的特征与不同之处。

身体因人而异，但如果只是因为性别不同，就判断“应该有这些”“一般是这样”，则是错误的。

不同的人聚集在一起的世界才是欢乐多彩的。

不要只是去找“不同之处”，而是应该通过“相同之处”寻找每个人的不同之处。

被问到“人会不会复生？”的时候

▶ 能够真切感受到死亡的机会正在减少

人死后会怎样呢？是不是经常会被孩子问到这样的问题？在游戏等虚拟世界的影响下，许多孩子认为“人死后可以复生”。

死是什么呢？想要让孩子对此有一个具象的认知，是很难的。在核心家庭（小家庭化）不断发展的今天，孩子近距离感受死亡的机会越来越少。

例如，有的孩子只有在养的宠物死了之后，才第一次近距离感知到死亡。

▶ 生命只有一次

死亡就是身体机能全部终止的意思。父母应该告诉孩子，死去的生命不会再回来。人们随着年龄的增长，总是会死的。而正是因为生命不会再回来，所以我们应该保护好自己的生命，也尊重他人的生命。

虽然有很多描绘天国、地狱的绘本，但是请不要通过天国、地狱来向他们解释死亡。家长应该告诉他们，什么是真正的人的一生：人出生之后，会长大成人，逐渐变老，再走向死亡。同时，死亡不是老年人的专属，即便是年轻人也有可能走向死亡。重要的是，我们要教给他们，“每个人的生命只有一次”“任何生命都无法死而复生”。

虽然死去的人无法复生，但是我们可以怀念死去的人。失去重要的人可能会非常悲伤，但我们可以通过珍视和他们的回忆，时时怀念他们来疗愈我们内心的悲伤。不要让孩子感到恐惧，也不要欺骗他们，要告诉他们这是谁都会面临的问题。

什么时候开始单独洗澡呢

▶ 单独洗澡是自立的第一步

孩子多大的时候应该和家长分开洗澡呢？

有时，我们能看出孩子并不想和家长一起洗澡，或者觉得一起洗澡非常害羞。不仅是亲子间，兄弟间也会有不想一起洗澡的时候。如果发现了这样的情况，请尊重孩子们的意愿。

在何时分开洗澡这个问题上，因为家庭和孩子的不同，会有差异，所以不能一概而论。有一些说法认为孩子长出阴毛的时候，就是和他们分开洗澡的时机。

一个人洗澡，是孩子自立的第一步。这个时候，孩子能够让自己的身体感到舒适。另外，不管是家人还是朋友，这些人对孩子来说都是其他人。所以在这个时期，家长最好帮助他们培养出尊重自己、尊重他人的隐私感。

如果孩子已经是小学高年级学生或是中学生了，却还是想和其他人一起洗澡的话，请不要催促他何时开始自己洗澡。可以问问他：“是不是应该一个人洗了呢？”

这么说来，在我还是孩子的时候，也问过“婴儿从哪里来”这个问题呢。
啊？从河里？
从……从河里流过来的呀！
啊？是从天上飞过来的吗？……
是……是鸟衔过来的啊！
那个时候紧张的心情，现在还记得呢。

PART

2

为什么性教育如此重要

你对性教育感兴趣的理由是什么呢？我们先想想，为什么它如此重要吧！

你了解多少正确的性知识呢

▶ 大人也不知道的正确的性知识

谈起性知识，有人会说：“就算不教孩子们，孩子们自然也会知道的。”但事实真的如此吗？关于性，想让他们自然而然地掌握“正确的知识”是很难的。很多时候，孩子们会从大人或社交网络中获得一些错误的信息，并误以为自己已经理解了。

一项针对高中生进行的性知识测评调查显示，在关于“排卵常常在月经期进行”（错误）、“精液积攒太多对身体有害”（错误）、“在月经期和安全期进行性行为不会怀孕”（错误）等7个问题的回答中，正确率只有30%。在下文，我们也罗列了一些与性相关的问题，你可以测试自己能答对多少。

最近，有越来越多的夫妻苦恼于不孕不育。虽然不孕不育对劳动力资源等社会问题有着巨大的影响，但是在日本公开谈论不孕不育的机会却非常少。如果能早一些开始学习并交流怀孕及分娩的知识，或许就能够及早采取措施或给予治疗。

在20世纪30年代，有许多女性因为长期不重视严重的痛经，患上了子宫内膜异位症，最后不得不摘除子宫或卵巢。她们常常后悔地说："如果早点儿掌握这些知识，是可以用口服避孕药治疗的。为什么没有人来教我们这些呢？"2017年，未满20周岁的女性因意外怀孕而不得不进行人工流产手术的病例多达13588例。[1]感染性传染病的人数也越来越多。如果他们都能掌握正确的性知识，或许就能够避免这些事情的产生。

"很难交流性的话题""实在不知道怎么去教他们"……家长们容易对性这个话题敬而远之，或是直接将教育的责任推给学校。但是，为了孩子们的将来，家长们不可以完全依赖学校。家长们一定要在孩子们从社交网络中得到错误的性知识之前，对他们进行正确的性教育。即便是这种很难进行的教育，只要方式选择对了，问题也会迎刃而解。让我们一起来试试看吧！

---

[1] 数据来源于日本厚生劳动省《人工流产手术病例数及实施率的年度变化》。

你了解多少呢？

性知识

在教孩子之前，关于性知识你了解多少呢？
可以尝试回答下面的问题，一起来确认一下吧。

正确→○　错误→×

1	进入青春期之后，激素会从睾丸或卵巢大量分泌出来。	
2	男性生殖器包括阴茎、睾丸、前列腺等。	
3	女性生殖器包括阴道、子宫、卵巢等。	
4	精子由阴茎产生。	
5	卵子由子宫产生。	
6	未通过射精排出体外的精子，会被身体分解后吸收。	
7	自慰的次数无关紧要。	
8	男性无法违背自己意愿而勃起。	
9	阴茎的大小因人而异。	
10	月经周期是从月经的第一天到下一次月经的前一天。	
11	进入青春期后，不论男女都会分泌白带。	
12	乳房发育的大小因人而异。	
13	卵子与精子在输卵管处受精。	
14	排卵大约在月经开始前的两周进行。	

15	在日本，如果怀孕未满22周，经女性本人及配偶双方同意，可以进行人工流产手术。	
16	避孕套在射精之前使用就可以。	
17	少量避孕药能够避孕。	
18	在约会期间遭遇对方的暴力，被称为约会暴力。	
19	在日本，在约会网站进行卖淫的中学生，也将被处罚。	
20	被强迫谈论色情话题属于性骚扰的一种。	
21	艾滋病病毒（HIV）会通过打喷嚏、咳嗽传播。	
22	避孕套能够有效预防艾滋病病毒（HIV）。	
23	在卫生站，不报名字也能够免费接受艾滋病病毒（HIV）检查。	
24	在日本,只有女性能够休产假。	
25	在日本的国会议员中，女性的比例已经超过了30%。	

答案

1 ○	2 ○	3 ○	4 ×	5 ×	6 ○	7 ○	8 ×	9 ○
10 ○	11 ×	12 ○	13 ×	14 ○	15 ○	16 ×	17 ○	18 ×
19 ×	20 ○	21 ×	22 ○	23 ○	24 ×	25 ×		

*这25个问题是以芬兰的中学生性知识调查为基础，结合日本的性教育课题提出来的。

性教育保护着孩子们的权利

▶ 是为了孩子们的性教育

在性教育开始之前一定要知道的、重要的事是什么呢？孩子们了解性知识的权利是《儿童权利公约》[1]中规定的人权之一。谈起人权，似乎是一个很晦涩的概念，但它却是能够让孩子们幸福生活的保障。

为了让孩子们过上美好的生活，就必须让他们了解与“性”相关的知识。为了有尊严地活着，谁都无法避开性话题。下面的内容都是与性有关的问题。

---

[1]《儿童权利公约》第17条：“……确保儿童能够从多种的国家和国际来源获得信息和资料，尤其是旨在促进其社会、精神和道德福祉和身心健康的信息和资料。”

▶ 为了有尊严地活着

- 如何正确地了解自己的身体？
- 为了保持良好的身体状态，我们能够做什么？（自我照顾）
- 应该和谁交往？不和谁交往呢？
- 应不应该拥有家人呢？
- 应不应该拥有孩子呢？

恋爱、结婚、怀孕、分娩、治疗不孕不育、性侵害……所有与性相关的烦恼、问题都有赖于正确的知识与方法。拥有自我决定能力，是有尊严地生活必不可少的条件。正因如此，家长们应该尽早教给孩子们正确的性知识。

孩子们想了解的并非性行为

▶ 通过性教育来建构能够交流烦恼的亲子关系

近些年，在媒体及社交网络上充斥着许多“错误信息”。但对于孩子来说，这并不是他们获取性知识的唯一来源。家庭及日常生活也存在许多与性相关的信息和知识。

例如，身边的人怀孕或分娩，或者偶然在家中发现了妈妈用的卫生巾，又或者偶然看到了爸爸妈妈的性行为。爸爸妈妈在被问到性方面的事情时的反应，对于孩子来说也是有关性的信息。在托儿所或幼儿园里，被掀了裙子或者被脱了裤子其实是一种性霸凌，而这一点往往容易被忽视。

当你还是孩子的时候，是不是有过这样令人难过的经历？问起爸爸妈妈关于性方面的事情时，爸爸妈妈却说“这种事情就算不知道也没关系”。

这样的经历，对孩子来说会产生很大的影响。

首先，让我们一起回忆一下自己是如何接受性教育的吧。

当你问爸爸妈妈：“我是怎么生出来的呢？”你的爸爸妈妈是怎么回答的呢？

当孩子们问起“小宝宝是从哪里来的”时，他们想了解的并非是性行为，或许只是因为看到了身边的弟弟妹妹出生。这个时候爸爸妈妈如何回应是非常重要的。

如果家长把性当作禁忌，孩子就会认为这是“禁止问”的问题，会装作什么都不知道的样子来表现自己的天真。可与此同时，孩子很容易从朋友或者社交网络上得到不正确的性信息。进入青春期之后，孩子即便想与家长一起聊聊性的话题，也无法迈出那一步了，最后只能一个人苦恼。这是非常遗憾的事情。正确的性教育则有利于建立能够相互坦诚交流的亲子关系。

缺乏性知识，可能会损伤孩子的自信心

▶ 好的人际关系并不是通过“点赞”培养起来的

男孩之间或许会因为相互比较“小鸟鸟”的大小而担心焦虑。如果这个时候能自然地告诉他们“‘小鸟鸟’有不同的形状和大小，所以不管怎么样都是没关系的”，孩子们就能保持自信，而不会因此烦恼。

实际上，有很多人都在感慨：“关于性的事情，如果从小了解就好了，这样就能早点儿感到轻松一些。”

2008年前后，“草食系男子”这个词一度走红。这个词走红的背后，是尽管身边充斥着性信息，但在20多岁的男性中仍有34.1%的人没有性经验的社会现实[1]。

从这一点，我们也能看出，就像社交媒体的“点赞”一样，越来越多的人希望被认同，害怕表达不同的观点且不愿意与自己价值观相左的人发展关系。

性教育其实包含交流、与他人建构情绪关联性等内容。从幼儿时期就开始告诉孩子们应该承认人的不同之处，包括性差异，并且应当学会保护自己、保护他人。这些与友谊、恋爱、结婚、生育等整个人生经历都有着紧密的关系。也许大人们无法立刻为孩子们进行良好的性教育，但也请不断摸索、不断尝试吧。不管是为了丰富孩子们的人生，还是为了提升大人自己的幸福感，都请基于科学及人权来进行性教育吧！

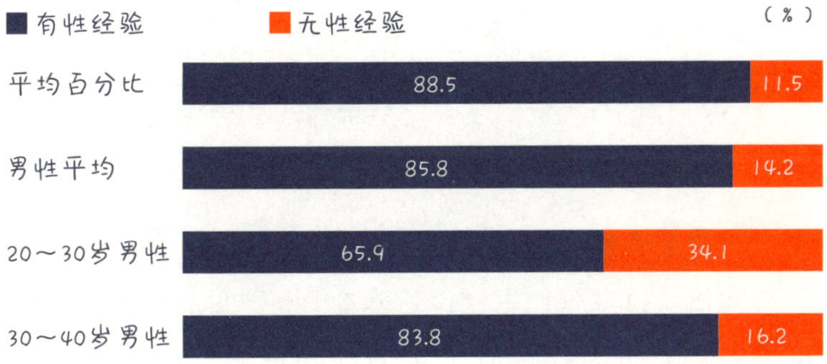

[1]相模橡胶工业公司进行的网络调查《日本的性行为2018年度》（2018年，参与调查人数达14100人）。

性教育应进行到几岁呢

▶ 性教育需要反复进行

性教育并不是“教一次就结束”。尤其是对于小朋友来说，除了眼前的事物或者已经体验过的事物，还有许多知识是超出他们理解范围的。千万不要认为“教完一次应该就能懂了”，多认真地教导几遍也是非常重要的。即便是同一个问题，同一个小朋友在3岁和4岁时会给出不同的回答、拥有不同的理解与看法。

虽然很多人认为“性教育是针对3岁至10岁这一阶段的教育”，但是从11岁到18岁这段青春期[1]也是非常重要的。这一时期，他们的身体不断发育，逐渐长大成人，所以要教给他们的知识也有很多。

---

[1]青春期一般是指孩子成长为大人的这段时期，具体时期大约是8岁或11岁至17岁或18岁。

年龄阶段

性教育图谱

性教育的内容非常广泛，这里主要是针对每个年龄段身体的发育差异所整理的内容大纲。每个孩子的成长有差异，家长们需要根据具体情况进行教育。

阶段 **0** 1～4岁

记住身体部位的名称

通过绘本教孩子认识身体部位的名称，培养孩子对自己身体的兴趣。

阶段 **1** 5～8岁

婴儿从哪里来？

- 卵子与精子结合后就有了小宝宝。
- 生产包括排卵、受精、受孕、分娩等多个阶段。

阶段 **2** 9～12岁

怎样会怀孕呢？又怎样避孕呢？

- 进行未做安全措施的性爱，可能会怀孕或感染艾滋病病毒（HIV）等，导致患上性传染病。
- 正确使用避孕套，能够避孕或防范性传染病。
- 低龄结婚、怀孕、生产存在健康风险。
- 艾滋病病毒（HIV）抗体阳性的女性也能够正常怀孕，通过降低婴儿感染风险等手段，生产健康婴儿。

阶段 **3** 12～15岁

妊娠期反应、胎儿发育及分娩阶段

- 怀孕能够通过医学检查征兆及症状确认。
- 怀孕过程中，营养不足、吸烟、饮酒或使用药物都会对胎儿发育产生威胁。

阶段 **4** 15～18岁

生殖、性功能、性欲的区别

- 与伴侣的性关系需要建立在双方同意的基础上。
- 在进行性行为前需要提前考虑防范意外怀孕及性传染病的方式。
- 并不是所有人都拥有生殖能力。
- 努力解决不孕不育的问题。

就算给你们吃好吃的零食也不可以哦！
不要跟奇怪的人走哦！
到底什么是奇怪的人呢？
可怕的人？
可是奇怪的人是什么样的人呢？
穿着大衣……
戴着帽子、墨镜和口罩……
奇怪的人的话……
不对不对！我作为大人好像也没见过……

PART

3

为了保护孩子不受性侵害

保护自己的身体是性自立的必要条件。大人应该如何告诉孩子们呢？孩子们又该如何对待自己的身体呢？

“奇怪的人”是什么样的呢

▶ “奇怪的人”是无法通过肉眼判断的

比如去公园的时候，许多想要保护孩子的家长会说：“不要和奇怪的人走哦！”可是如果这样就放松警惕的话，是十分危险的。

那么，“奇怪的人”到底是什么样的呢？难道是戴着墨镜和口罩的人？其实并不是，加害人往往会避免这样“显而易见”的乔装。

另外，对于孩子们来说，“奇怪的人”“奇怪的叔叔”通常是存在于电视里的人物，是孩子们自己想象出来的样子。

多数情况下，加害者都是“普通的人”“和蔼的人”“有趣的人”。

并且很多时候，大人也无法分辨出来。

因此，只告诉孩子们看见“奇怪的人”要“多加小心”，其实是没有意义的。

▶ 什么样的孩子会被盯上

正如新闻中报道的那样，以幼儿园小朋友、中小学生为受害群体的性犯罪不断发生。同时，被盯上的孩子未必都是女孩，男孩遭受性侵害的案例也在不断增加。[1]

以儿童为目标的性犯罪者大多是拥有小儿性爱癖好的人，这种癖好被称为恋童癖。

为什么孩子们会被盯上呢？这些犯罪者不仅仅是出于性欲，还有一些是无法在成人世界中建构健康的关系，或是有过被虐待的经历，他们会盯上比自己更弱小的儿童，借此来满足自己的支配欲。

[1] 日本法务省法务综合研究所研究部报告55号《性犯罪相关综合研究》。

女孩与男孩，谁更容易受到性侵害？

强制猥亵犯罪发生的年度变化

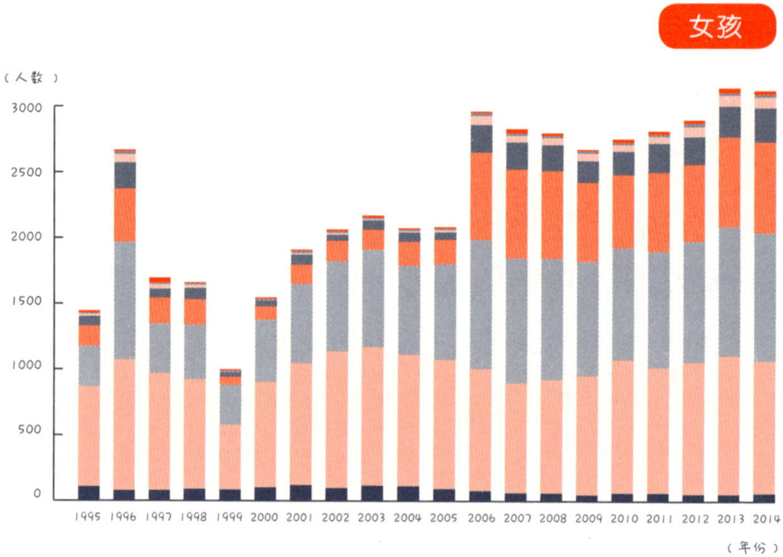

根据日本警察厅的统计，6～12岁、13～19岁的女孩被害人数居高不下。同时，遭遇强制猥亵的被害人并非只有女孩，针对男孩的侵害案例也呈增加趋势。需要特别关注的是，在针对男孩的强制猥亵案例中，幼童被害比例更高。

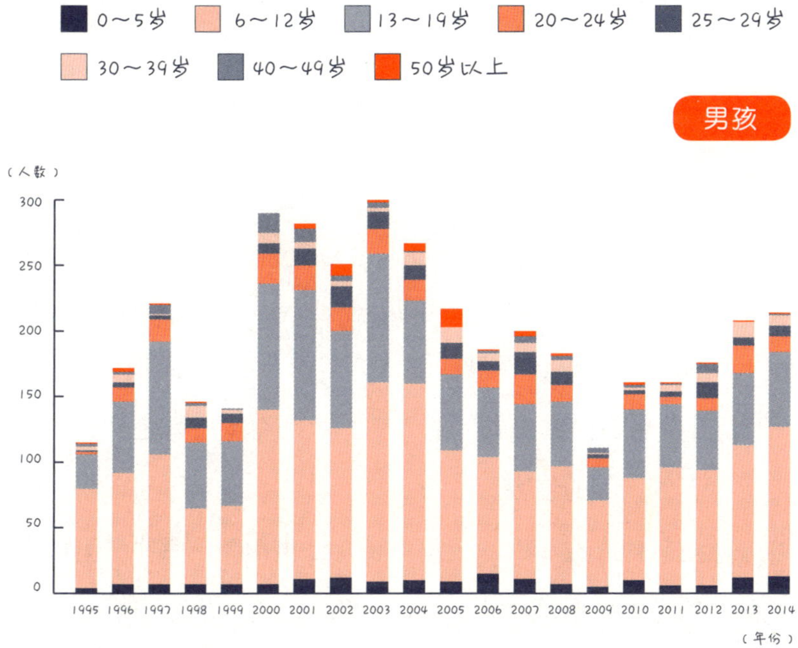

即便是男孩，也不能放松对性侵害的警惕。男孩也有可能随时随地遭受性侵害。无论是男孩还是女孩，都应告诉他们出门在外要多加注意。

“不要跟陌生人走”就能防范吗

▶ 被“认识的人”侵害的案例出人意料地多

性加害者绝不仅仅是“陌生人”。根据日本内阁府的调查[1]，在“曾遭受过强奸”的人中，大约有七成都是受到了来自“认识的人”的侵害。

这与针对未成年人的性侵害调查结果相同，那些盯上孩子们的加害者大多也是“认识的人”[2]。

另外，那些在托儿所、幼儿园、学校、儿童保健场所工作的人员，原本应当是孩子的保护者，有时却成了性加害者。虽然大多数人选择这些职业是出于对儿童的喜欢，但也无法排

---

[1]根据日本内阁发布的《关于男女间暴力问题的调查（平成29年年度调查）》，在164个遭遇过强奸的人中，大约九成遭遇的是“熟人作案”。

[2]《儿童虐待对策指导》：约翰·E.B.迈尔斯等，小木曾宏编，和泉广惠等译（明石书店，2008年）。

除有些人是出于恋童癖心理。或者说在日常与儿童接触的过程中，这些加害者内在的小儿性爱癖好逐渐显现了出来。

如图所示，被学校老师、体育教练等孩子身边的人、熟悉的人性侵害的案例非常多，多到令人大吃一惊的程度。

因此，告诉孩子们“不要跟陌生人走”是无法保护好孩子们的。重点不在于认不认识，只要跟别人走就是危险的。

有可能成为加害者的“认识的人”

占比最大的是孩子身边的亲属，其次是保育师、幼儿园老师、儿童医生等工作人员。另外，还有同一社区内认识的人或是家人以外认识的人。虽然也有“陌生人”，但实际上占比是很小的。

他们是怎么接近孩子的呢

▶ 不管男女都有可能是性加害者，请充分考虑各种情况

加害者会使用各种各样的手段接近孩子。例如，告诉孩子有游戏道具、卡片等他们喜欢的玩具或零食；告诉孩子要给他看小狗，然后把他骗到没有人的地方……

加害者通常并不是看上去“奇怪的人”，而是非常擅长和孩子打交道，容易获得孩子喜欢的人，所以如果仅仅告诉孩子们“不要接近危险的人”，其实是无法做到有效防范的。

另外，加害者也并不只是男性。

有这样一个案例。一位女性告诉另一位女性，“您的母亲遭遇了意外，已经被送往医院了，我是来接您的”，从而将其骗上了一位男性的车。这位撒谎的女性遭受了该男性的家暴，被他威胁一同犯罪。虽然这可能是一个罕见的案例，但也要告诉孩子，如果过来搭话的是女性，也不能放松警惕。

▶ 只是碰到手和脚，也是不行的

加害者未必会突然触碰孩子的生殖器。多数情况下，他会先轻轻地触碰孩子的衣服，或者只是和他握握手，让他坐在自己的膝盖上说说话。这样稍微建立起了“信任”后（孩子们相信了假象），孩子就会认为他是“温柔的哥哥”“温柔的叔叔”或“值得信任的人”，从而失去防范意识，受到性侵害。

如“PART 1”所述，只让孩子注意“不要让他人触碰‘隐私区’”是无法保护自己的。我们应当让孩子意识到，不管是触碰身体哪个部位都是危险的，不应当让他人随意触碰我们的身体。

有哪些行为的大人是危险的

我们无法通过性别、年龄（青少年、中年人，甚至老年人都有可能成为加害者）、穿着、表情、话语等外部条件判断对方是否为好人。

所以，关键在于对方的行为。

以下行为需要多加注意。

请注意有这些行为的人

□突然搭话的陌生人、问路的人→如果他们真的想问路，并不会问孩子

□没事却靠得很近的人（比如1米以内）

□说要给零食、玩具或钱的人

□触碰身体或是让孩子坐在膝盖上的人（包括认识的人）

□让帮忙拍照片的人

另外，如果孩子们有以下行为，也需要注意。

需要注意的孩子的行为

□聊起家长们不认识的大人

□说起“秘密基地”→“秘密基地”有可能是加害者实施侵害的场所

□有与性行为相关的言语行动→有可能是在重现性经历

□突然生气或恐惧→有可能是突然想到了某些状况

□坐立不安或无法平静地坐着→有可能是生殖器或肛门疼痛

□不想上幼儿园或不想上学→害怕与人交往或担忧被朋友知道秘密

□表现出对自己身体的厌恶→有否定自己的言语、行动

孩子们会在什么地方被盯上呢

▶ 应该注意孩子们常去的、经过的地方

孩子们容易遭受性侵害的地方很多，一般是家长或大人们看不到的地方。为了保护他们不受侵害，或者为了他们受侵害后家长能够第一时间采取措施，大人们要重视性教育。

1 家

家长不在家的时候，家并不是100%安全的地方。

孩子一个人在家的时候，请告诉他，不要给陌生人开门让对方进来。如果陌生人问：“你爸爸妈妈在家吗？”请让他不要说出家长不在家的事实。如果是陌生人打来的电话，也是同样的回答。

即便是认识的人，家长不在家时也不要让对方进门。因为如果他们真有什么急事，用手机联系家长就可以了。

2 公园

孩子们玩耍的公园也存在许多潜在危险。需要注意的是那些树木茂密、被住宅包围、视野不太好的公园。可疑之人会隐藏其中，就算他带走了孩子，家长也会因为视野原因无法察觉。所以，公园是一个危险的地方。

在公园玩儿的时候，家长要预先检查，与孩子约定好只在明亮的、视野开阔的、人流密集的地方玩耍。

3 上学路上

小学生们有可能在上下学的路上遭受性侵害。虽然很多学校是集体上下学的，但也会有一个人落单的可能。如果家长负责接送可以降低风险，但是现在父母双方忙于工作的家庭很多，每天都由家长接送是不现实的。所以，请和孩子们约定好不要理来搭话的人，不要绕道，放学后直接回家。

平时爸爸妈妈送孩子上学的时候，可以跟孩子一起确认“儿童110之家”（感到危险就可以进入的地方，立有指示牌，可以保护孩子并帮助他联络警察）的位置，以及人流量少、车流量大的路等危险的地方。

4 托儿所、幼儿园、小学

家长也应该注意孩子之间的游戏。例如掀裙子、假装医生等游戏，有些游戏甚至要求孩子在人前脱裤子、触碰生殖器，要知道小小的游戏可能会发展成严重的欺凌。

对于孩子们玩儿掀裙子、假扮医生等游戏，有些人可能会说“孩子只是在玩儿而已”，并不会认真对待。孩子们也会找借口说，“只是在开玩笑而已”，然后继续玩儿这样的游戏。

然而，即便孩子很小，也要懂得触碰他人的生殖器或是对他人实施暴力行为是对他人人权的侵害。家长必须让他们知道这是“不能做的”，也可以告诉他们：“不要做让他人感到不舒服的事情。”

如果是孩子自己遭遇了这些事情，请让他第一时间告诉爸爸妈妈。

如果孩子告诉了你，你可以和托儿所、幼儿园或学校谈谈。如果对方并没有认真地倾听你的意见，你可以联系政府相关部门及法律援助中心。

怎么让孩子自己保护自己

▶ 掉入性加害者的陷阱前，可以使用“35秒法则”

要怎样做才能保护孩子免遭性侵害呢？美国社会学者卡罗尔·科普尔在专著中根据调查结果得出了结论：“无论在什么情况下，平均35秒以内，孩子都会跟陌生人走。”（《不要让孩子掉入变态的陷阱》，人类历史社，弓削俊彦译）也就是说，孩子们掉入性加害者的陷阱的时间远远短于大人的预期。

对于性加害者来说，欺骗孩子是轻而易举的事情。所以，培养孩子自己保护自己的能力，其实是保护他们免遭侵害的重要手段。

①分辨舒服与不舒服的感觉

不能只告诉孩子们小心“奇怪的人”，也不能只告诉他们小心“陌生人”，甚至只告诉他们“不要让别人触碰重要的身体部位”也是不够的。那么，家长们应该怎样做呢？

这的确是一个难题。

有一个解决方法，那就是让孩子们明确舒服与不舒服的感觉。

“不知道为什么感觉有些奇怪。”

“感觉有点儿难受。”

“是不是有点儿危险呢？”

这些直觉非常重要，如果孩子感到有点儿危险，就应当立刻逃离。

为了明确舒服、不舒服的感觉，家长们应当在平时帮助孩子们积累快乐、舒服的经验。例如，通过亲子之间的身体接触，在洗澡或上厕所时帮助他们积累“很开心”“很舒服”“很放心”的经验。这样一来，如果孩子们有相反的感觉时，就能立刻产生“这不舒服”“这让人很不安”的反应。

如果孩子们感到“虽然是熟人，但是不知为何，被他们触摸过有一些不安”，这其实就是直觉发出的危险信号，遇到这样的情况，请告诉孩子们迅速逃离。

②大声呼救，逃离现场

当危险迫近的时候，要做的就是边逃边大声呼叫："救命！有没有人啊？"不过，在日常生活当中，大人不太会这样呼救，并且事发突然，可能无法瞬间做出反应。

日本非营利组织CAP中心开展了一个项目，目的在于教孩子们在遇到危险时边大声呼喊"啊——"，边立刻逃离。因为如果仅仅将这个方法作为口头知识的话，在紧急情况下是无法立刻应用的，所以即便是在家里也有必要让孩子们多加练习。

"停下！""别碰我！""救命！"……帮助孩子们提前熟悉这些呼救的话语也是非常必要的。

孩子可能会有自己的困惑，例如"对认识的人这样做会不会失礼""如果对方并不是想做奇怪的事呢"，所以在这些情况下可能不会大声呼救着逃离。

面对这些困惑，家长先要安抚他们的情绪，告诉他们只要感到不舒服，"立刻逃离也没关系""就算是搞错了，爸爸妈妈也不会怪你"。此外，为了以防万一，请告诉他们，如果有这样的事情一定要"第一时间告诉爸爸妈妈"。

③在日常聊天中谈论性教育

虽然在日常聊天中很难谈及性教育，但是如果能稍微谈几次性侵害的话题，孩子们的危机意识就会得到提高。

比如，在新闻中看到性侵害的话题，就是一个很好的机会。“那个女孩（男孩）在上下学的路上被拐走了”“被附近的熟人拐走了”等，即便是重复新闻的内容也是可以的。同时，家长也多问问孩子们“如果是你的话，你会怎么做呢？”“怎么防范呢？”，通过这种方式来培养他们的思考能力和判断力。

不舒服的时候怎么说呢

在室内

在室外

如果感到不舒服，请立即大声呼救，并逃离现场。虽然对于成年人来说，突然大声叫喊是很难做到的，但孩子们可以在平时玩儿扮演类游戏的时候加以练习。如果被陌生人搭话、触摸或感到恐惧，就算是很微小的感觉也请立刻告诉爸爸妈妈。

为了免遭性侵害，要告诉他们什么呢

▶ 和孩子们一起制订家庭准则吧

为了让孩子保护好自己，就要和他一起商量、思考。例如，可以一起制订“必须遵守”的家庭准则。重要的是，不应只由爸爸妈妈来制订、孩子来遵守，而应该亲子一起制订准则。孩子自己制订的准则，他会更愿意遵守。

根据每个家庭的不同，具体的准则可以不同，以下是一些参考。

- 不要跟陌生人走。
- 如果被触摸了感觉很不舒服，就要说：“别碰我！”
- 如果遭遇了不喜欢的事情，就要说：“别这样！”
- 感到有点儿危险的时候，应该立刻跑开。
- 一个人在家的时候，不要让家人以外的人进门。

- 如果遇到了危险，一定要告诉爸爸妈妈。

家长可以参考以上内容和孩子们一起思考自己家的准则，最好写在纸上，贴在家中醒目的地方。

▶ 多说几遍

“已经说过一次了，就没关系”的想法是很危险的。孩子是很容易忘记的（大人也是这样）。所以，重要的事情请多说几遍。如果不把这些铭刻在心，孩子就算理解了这些知识，也难以付诸实践。

每当看到性侵害的新闻时，家长就可以和孩子谈论这个话题。同时，随着孩子的年龄变化，谈论时的内容和注意的事情也会发生改变。性教育是一个持续性的话题，不可能一蹴而就。

万一孩子遭到性侵害，应该怎么做呢

▶ 首先应当让他们立刻说出来

虽然是不愿想象的事情，但万一孩子遭受了性侵害，我们要怎么办呢？

首先，如果孩子告诉了爸爸妈妈，作为父母应该首先告诉他：“真的很恐怖，但你勇敢说出来真的很棒。”

性虐待或性霸凌都是侵害他人人权的卑劣行为。遭受侵害的人受到了严重伤害。遭遇了恐怖的、痛苦的侵害，当然不愿意对别人说。

虽然无法告诉别人“经历了这样的事”，但他们内心都有想说出来的愿望，并希望从他人那里得到帮助。

他们在说与不说的矛盾里挣扎，最终才鼓起勇气说出口。

因此，请肯定他们：“你勇敢说出来真的很棒。”

千万不要指责他们“苍蝇不叮无缝的蛋”，也不要中伤他们，说他们“脏”“变成残次品了”，不要践踏他们好不容易鼓起来的勇气。

请告诉他们：“你什么也没做错。”

对于内心受伤的孩子来说，最重要的就是接受他的痛苦，和他站在一起。所以，请向他表示出友好：“我站在你这边，我会一直在你身边，让我们一起来想想怎么办吧！”

怎样和遭受性侵害的孩子接触呢

▶ 不是孩子的错，错都是加害者的

遭遇了性侵害的孩子，身心受到了持续性的伤害，所以请尽快带他接受心理治疗。

他可能会患上创伤后应激障碍（PTSD），表现出闪回现象等，出现不想上学和自我否定等倾向。如果没有及时治疗、放任不管的话，情况就会恶化，日后恢复的难度也会加大。

另外，就算当时他没有表现出相关症状，成年后也有可能因此引发各种各样的问题。若这些心理创伤越来越严重，或许他会患上进食障碍、抑郁症等疾病，甚至自杀。

虽然孩子是受害者，但他可能会认为这是自己的责任。他常常会觉得“都怪我自己”“变成这样都是我的错”，不断地责备自己。

孩子的想法反映了他把周围发生的事情（自己体验的范围）和自己联系在一起的倾向。也就是说，他会认为周围发生的事情都和自己有关，是由自己导致的。

另外，加害者为了让自己侵害孩子的事情不被发现，常常会对孩子进行“洗脑”，“说服”孩子一起瞒骗。这是加害者的常用手段，诱导孩子认为“自己也是共犯”。于是，那个认为“都怪自己”的孩子就会拒绝将受到的伤害告诉别人，无法坦言自己遭遇了侵害。

错都是加害者造成的，绝不是孩子造成的。

请这样告诉孩子，并把他的心理治疗放在第一位。

怎么判断孩子是否受到了性侵害呢

▶ 虽然有迹象，但“观察”孩子更重要

有很多孩子不会向他人说自己受到了性侵害，反而会一个人守着痛苦的秘密。如果不知道他受到了侵害，就无法对其进行治疗。

但是，**就算孩子不说，家长也能够通过仔细观察他的言行举止，**知道他受到了性侵害。

请仔细观察以下几点：

①不自然的外伤，被衣服盖着、无法看见的地方也有伤痕；

②面无表情、眼神冷漠或垂头丧气；

③言行粗鲁，无法和身边的孩子建立良好的关系；

④无理由地对人或动植物有很强的攻击性；

⑤反应迟缓、缺乏笑容，或者是反常的开朗；

⑥恐惧监护人，或者异常顺从；

⑦无法直视监护人；

⑧对性有着与年龄不相符的兴趣、关心或言行；

⑨有诸如“要是我没出生就好了”的自我否定的话语；

⑩无理由地长期或频繁地不去幼儿园或上学。

不止这些，有时家长们也会觉得，不知道为什么感到“好像有些奇怪”，如果有这样的感觉，请重视自己的直觉。

这个时候，请温和地问问他们：“怎么了，好像没什么精神？”如果孩子们没有立即作出回答，请告诉他们“不想说也没关系”“什么时候说都可以”。

重要的是要向他们传达：什么时候我都会听，我会站在你这边。

唰——
唰——
最近的孩子真厉害啊……
但是手指是不是有点儿太快了……
啊——
好恐怖！
什么什么？！
吓死了！
唰唰
那个孩子在玩儿手机呢。
卖场
什么时候教他们使用社交网络比较合适呢？
嗯……
今天就做咖喱吧。

PART 4

和孩子们一起学习使用社交网络

如今，孩子们被来自社交网络的各种信息包围，所以具备辨别是非的能力是十分重要的。

孩子们应如何使用社交网络呢

▶ 社交网络无处不在

想必有许多人见过孩子们非常熟练地使用智能手机或笔记本电脑的场景吧。根据2020年3月日本内阁公布的数据，0岁的新生儿上网率达4.7%，5岁儿童的上网率则达到将近60%。

其实，孩子们是通过父母第一次接触网络的。从他们出生开始，就一直能看到父母玩儿手机的样子。有许多家长会在孩子闹脾气时放动画片来安抚他们，或是在闲暇的时候给他们使用一些教育类APP。当然，也有时是为了确认孩子的安全或是让孩子更方便地与家人保持联络。

有些3～4岁大的孩子能够自己在网络上检索喜欢的视频、点击跳过广告，或下载一些应用软件，他们的适应能力真是让人惊讶。另外，即便读不懂文字，有些孩子也能够顺利地解开一些推理游戏。

因为社交网络方便快捷、无处不在，所以孩子们在使用时更需要多加注意。

根据日本厚生劳动省的推算，疑似有网瘾的中学生及高中生大约为93万人（2017年度）。由于手机及网络的应用呈现出低龄化的趋势，所以这个数字在未来会保持增长的态势。

另外，2019年4月，世界卫生组织发布了《智能手机指南》，其中提出："不建议在婴幼儿期（未满1岁）给孩子看手机""1～4岁每日不超过1小时，越少越好""1～2岁需要180分钟以上的身体运动，3～4岁则需要大约180分钟"。

孩子们利用社交网络要注意这些

▶ 不要觉得他们还很小，应该早一些让他们意识到

因为网络世界无法面对面交流，所以人很容易陷入对方“温柔、体贴”的言语中。有时可能只是在社交平台上点了一个赞，就让人觉得自己和对方是同一类人、很亲近。孩子们得到了关注，被认为很有魅力，或是被点赞、被认可，都会感到很开心。尤其是那些在现实生活中没有情感寄托、无法满足自己想要被认可的欲望的孩子，会感到格外开心，从而在不知不觉中掉入了圈套。当听到“真可爱，发一张照片给我吧”时，他可能很容易就发送自己的裸照。

下页的图表展示了孩子们在社交网络上遇到犯罪嫌疑人的理由（警察厅）。[1]

---

[1]《关于平成29年发生于社交网络等平台的被害儿童现状及对策》，2018年4月26日。

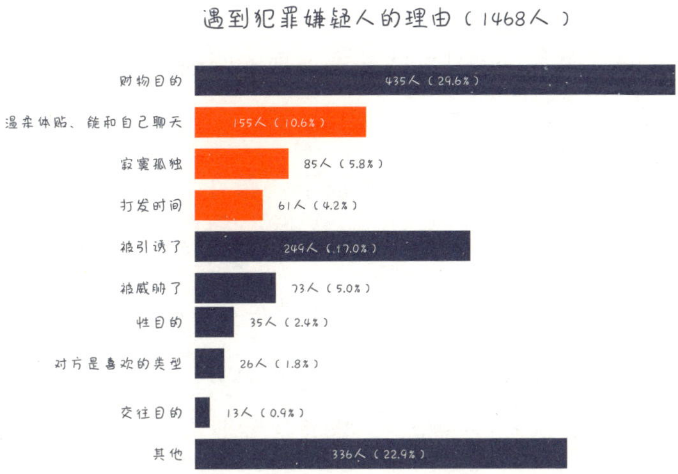

理由为“温柔体贴、能和自己聊天”“寂寞孤独”“打发时间”的人数加起来超过了20%。这些人在现实世界中没有情感寄托，因此将其寄托在那些网络上对他们温柔的人身上。可以说，这些人其实是在社交网络中谋求现实中得不到的心灵慰藉！

那么，这样的孩子需要注意什么呢？以下三点需要特别注意。

1.完全陌生的人是危险的

在视频网站的视频投稿网页或网络游戏中，很容易结识一些陌生的人。

虽然通过文字聊天等方式，他们之间的关系亲近了，但或许对方是假扮与其同龄儿童的大人。他们会花时间与孩子们建立信任，然后问一些私人信息方面的问题，诱导孩子们发照片，甚至直接邀请见面。

你可能会觉得："我的孩子还很小，没关系的。"但是，有很多小学生的妈妈反映："听到孩子在房间里说话以为是有人来了，结果是和不认识的人一起边聊天边玩儿游戏。""孩子还是小学生，却听到她和朋友说已经在网上交了男朋友，真让人大吃一惊。"因此，即便孩子年龄还很小，也不可大意。

2.发送个人照片或者泄露个人信息的风险很高

最近，有许多人被网上结识的朋友坑骗、威胁，发送了自己拍摄的裸照，成为受害者。

根据日本警察厅发布的资料[1]，2018年儿童色情图片的受害者达1276人。

其中大约四成受害者都是自己发送了照片。虽然很大一部分是中学生及高中生，但遭受侵害的小学生高达19%。

另外，上传个人信息（住所或幼儿园信息等）也容易让孩子们受到侵犯。

[1]《平成30年儿童性侵害状况》（警察厅）。

3.“小号”有许多陷阱

“小号”是指除了通常使用的“大号”之外，匿名的私人账号。许多人会在没有实名认证的“小号”中，说一些坏话、违背伦理道德的话。也就是说，为了发表一些“色情”言论，他们会使用与“大号”不同的“小号”。同时，也会有人分开使用多个“小号”。

如果在社交网络上搜索“小号”，就能看到许多不良信息、可疑的兼职招聘、生殖器的图片，以及寻找性交对象的人。

怎样在网络世界保护孩子们呢

▶ 保护孩子的五条准则

通过社交网络实施犯罪的手段越发多样，所以彻底防范住是非常困难的。就算是大人，有时也会被欺诈邮件欺骗上钩。那我们应该如何做呢？

第一条　提高孩子的自我防卫能力

例如，当网络犯罪等成为社会新闻时，可以和孩子聊聊“这种事情为什么会发生呢”“怎么办比较好呢”。就算找不到答案，也可以通过具体考虑“应该这样”“应该那样”来锻炼他们的判断力与直觉。这种方式是能让孩子在网络中保护自身安全的有效措施。

第二条 贴近孩子的内心

在社交媒体中被卷入犯罪事件的孩子们大多是在现实生活中渴求认同感与情感寄托的人。在被卷入事件或麻烦以后，他们常常“无法向父母坦白”。

你可能会非常担心，追问他们“××是不行的”“必须××”。然而，如果对孩子们说了这样的话，最后他们反而会什么也不向父母说。

“为什么要做这样的事”“做这样的事情也太恶劣了”……这样责备孩子们的行为是非常简单、粗暴的。请不要责备作出这些行为的孩子，请注意他们这样做的理由和背景！他们可能在某些方面存在问题，例如没有可以信赖的朋友，或是每天只能学习，压力很大。

对于这样的孩子来说，重要的是有人能理解自己、能向人倾诉烦恼、一起开心地做些什么。

第三条 不要让孩子无意中看到不合适的视频

从0岁开始就在视频网站上看视频的孩子不在少数。家长需要注意的是“艾莎门”[1]，也就是一系列面向儿童播放的、

[1]“艾莎门”指“儿童邪典片”事件，因《冰雪奇缘》中的艾莎公主是这类视频中最常出现的主角而得名。此类视频一般剧情软色情、暴力，带有恐怖、惊悚等情节。——编者注

不合适的视频。这些视频的预览画面是非常可爱的卡通人物，所以孩子会放心地点击进去，结果却发现那些视频是暴力动画，给不经意看到这些视频的孩子留下心理阴影。

为了避免孩子无意中看到这些视频，家长们可以使用“青少年模式”的功能。这个功能能够过滤掉不适合孩子观看的视频，并帮助家长设置观看时长限制。

第四条　亲子一起制订准则

从小学低年级开始就拥有自己专属手机的孩子越来越多。那么亲子之间就有必要聊聊“这么便利的东西也有危险，为了安全使用手机我们要怎么做呢？”这个话题，请和孩子们一起制订一下准则吧。

重要的是引导孩子作出决定。因为只有孩子“自己订下的准则”，他才会接受并遵守。具体的准则可以根据不同的家庭制订不同的内容。如果有些家庭认为“只有爸爸妈妈关注的时候孩子们才会遵守，没法设置灵活的准则”，那也没有关系。

规则示例

- 灵活使用；
- 每天最多1小时；
- 每30分钟休息一次；
- 不可以使用规定以外的应用APP；
- 不可以没有经过父母同意随意下载应用APP；
- 不玩儿付费游戏；
- 不随意上传照片、视频；
- 不公开姓名、住所等个人信息；
- 如果有困难应当立即告诉爸爸妈妈。

第五条　使用过滤功能和安全应用

即使家长开启了过滤功能，也有可能被孩子轻易地解开。但即便这样，家长们最好还是开启这个功能。智能手机等公司有义务提供过滤服务，并且家长可以要求购入手机的店家帮忙设置过滤功能。

另外，家长还可以使用一些提供安全服务的应用。

在这类应用中，如果孩子们观看儿童节目和面向小学低年级学生的动画，家长可以先设定好使用时长，并检查孩子们的眼睛与屏幕的距离。

需要了解的！

孩子们的网瘾与时间[1]

在日本香川县，2020年4月1日开始即施行《应对网瘾对策条例》。未满18岁的孩子在上学日玩儿游戏的时间应不超过60分钟，在休息日则不超过90分钟；使用手机不应晚于22点（未完成义务教育的孩子不应晚于21点）。

虽然法律标明了具体时间，但因为没有科学依据，关于儿童网瘾问题仍然不太明了。同时也有一些指责，认为这个条例是对家庭生活的介入。大家可以一起想想，对于孩子来说什么才是重要的。

[1]在中国，近年来因中小学生过度使用手机而产生了沉迷游戏、近视率上升等问题。2021年3月12日，教育部办公厅发布《关于开展2021年春季学期近视防控宣传教育月活动的通知》，要求各地和学校确保手机有限带入校园、禁止带入课堂。——编者注

万一被卷入了麻烦……

家长要在平时向孩子发出信号：“不管多小的事情，只要感到困扰，就可以来找我们聊聊。”并且在聊完之后，不要愤怒地对孩子说：“怎么做了这么傻的事情！”家长应对问题越快，孩子受到的伤害就越少。因此，家长需要营造能够轻松交流的家庭环境。

如果家长无法解决问题，请联系相应的咨询平台。

咨询平台的专家能够为你提供意见，思考解决办法。所以请不要一个人苦恼，先找他们谈谈吧。

前段时间，我家孩子问我婴儿是从哪儿来的，真是太困扰了！
怎么会！
我家也是哦。
唉——
突然问我这样的问题，唉！
是啊。
下一次他们会问些什么呢，想想就……
真的呢……
喂，妈妈，妈妈！
怎……怎么了！
我肚子饿了！
吓我一跳——
哈哈哈！
哈哈哈！

PART 5

让我们开始性教育『实践』吧

在开展性教育的时候，该怎么和孩子说呢？本部分将介绍一些具体的会话示例。

了解自己的身体

孩子们在发育过程中，最先接触到的是自己的身体。关于身体部位的名称，家长可以和孩子们边对话边学习。例如，问问他们："这里叫什么？有什么作用呢？"如果还保留着孩子们小时候的照片，可以和他们一起回顾成长经历："以前真的很小呢""还被大家抱着呢""那个时候还走不稳呢"。这样一来，就能让孩子们明白："这都是自己身体的变化，身体很棒呢！"大人们诚实的做法，能够在亲子间建立起信赖关系。

同时，这一做法也能够让孩子正视"自己的优点"（自我肯定）。如果他们爱自己的身体，那么他们也能接受每个人有不同的身高、体重与形态，不会否定与自己不同的人，而是承认人与人之间的差异性。

虽然每个人都不同，但孩子到了2～3岁时，还是应该告诉他们男生与女生的身体差异。

这样聊聊吧！

女孩为什么蹲着尿尿呢？

女孩尿尿的地方紧贴着身体，如果站着尿尿的话就会尿到身上，所以她们都是蹲着的哦。

那男孩呢？

男孩都有“小鸟鸟”。所以他们可以用“小鸟鸟”尿尿，就算站着也不会尿得到处都是。

原来是这样啊！那大便的时候呢？

女孩和男孩大便时都是蹲着的哦。

自己清洗身体

重视身体的第一步，是了解并学会清洗自己的生殖器。“身体是自己的”是树立“身体观”的基础观念。

孩子在大概3岁时，家长和他们一起洗澡的时候就可以教他们怎么清洗自己的生殖器（阴茎与睾丸）、排泄器官（阴茎、尿道口、肛门）。孩子和自己性别不同的时候，也可以使用绘本进行教学。

女孩可以蹲着，用淋浴器或浴桶里的温水轻轻地清洗小阴唇（外阴的褶皱）。

男孩可以翻开包皮，冲洗掉污垢后再翻回。因为每个人情况不同，有的人包皮口可能比较狭窄或是紧紧粘在一起，很难翻开。遇到这种情况，可以在不痛的前提下稍微翻开进行冲洗，反复几次，粘连的地方就能够冲洗了。如果无法解决包皮粘连的话，请尽快到医院做检查。

①
②
③

什么是长大的身体

身体变化的快慢是因人而异的。请告诉孩子们就算和他人不同也不要担心。

大约从8岁开始，孩子们进入青春期，身体开始产生急剧的变化。

首先，女孩大约在8～13岁、男孩大约在9～15岁，身高和体重会迅速增加。大约10岁开始，男孩和女孩的生殖器、腋下以及小腿会长出体毛，胸部也会变大。同时，声音也会变低沉，也就是所谓的“变声”。女孩会迎来月经初潮，男孩则会第一次射精（遗精）。

这些变化具体会在什么时候产生呢？根据遗传基因和环境因素等的不同，每个人都不尽相同，并且变化的方式和变化产生的顺序都是因人而异的。所以，请告诉他们无论是变化得比别人快还是比别人慢，都不要烦恼。另外，有时我们无法从身体特征上判断对方的性别，因为不是每个人在进入青春期后都

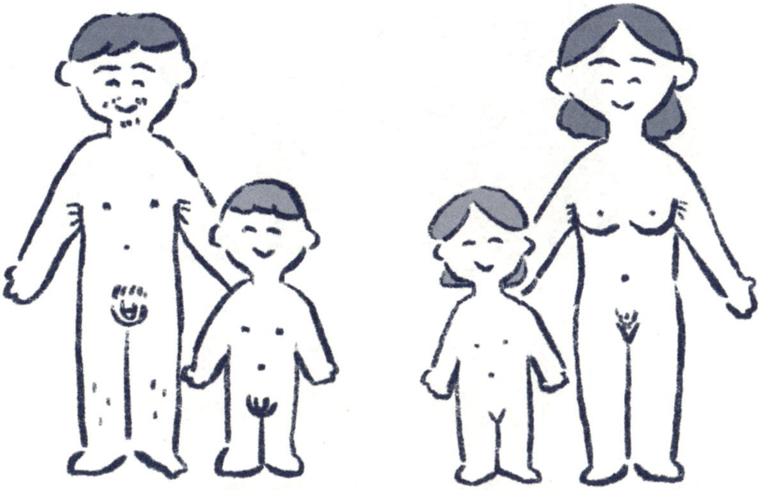

会产生相应的身体变化。大家都认为发生青春期的变化是“自然”“寻常”的，这样的说法也许会让孩子们产生烦恼。有些孩子希望以与出生时不同的性别生活，他们也许会对青春期身体的变化感到痛苦。

怎样接受自己身体的变化呢？家长们要知道，对于每个孩子来说，这个问题的答案是不同的。

这样聊聊吧！

（孩子们看到了卫生巾）这是什么？

这是女性在月经期间使用的东西，叫作卫生巾。

我也要用吗？

是啊，女孩发育之后就会开始有月经了，所以以后你也会用到呢！

月经是什么？这个要怎么用呢？

月经就是大概每个月会有一次从生殖器中流血的现象。它和受伤时流的血不同。卫生巾就是用来接住生殖器中流出的血的。

月经什么时候会来呢？

每个人情况不一样，一般来说是10岁到16岁之间。当你开始长高，腋下或者生殖器周围开始长体毛，胸有些胀痛并且不断长大的时候，可能就会开始来月经了。

（因为痛经很难受的时候）
妈妈是不是身体不舒服呀？

来月经的时候，人会有些急躁、懒惰。但不是生病哦，所以不用担心。

教他们关于“小鸟鸟”（阴茎）的知识吧

阴茎变大、变硬的现象叫作勃起。勃起是由血液冲入阴茎中的尿道海绵体与阴茎海绵体引起的。阴茎被触碰到的时候会因为感到刺激而勃起，有时也会产生与心情无关的勃起，男孩应该从很小的时候就已经经历了日常的勃起。

到了10～15岁，勃起的阴茎前段（尿道口）会出现白色的黏稠液体，这个现象称为射精，第一次射精则被称为遗精。射精射出的精液量大约为2～4毫升，但这也和个人及身体状况有关。虽然尿液和精液都是通过尿道口排出的，但射精时膀胱下的肌肉处于闭合状态，所以身体不会混淆尿液与精液。

小朋友对身体如何变化有着很强的兴趣，所以会向父母提出问题。父母这时可以使用正确的名称，避免使用很难理解的语言来向他们说明：“这是谁都会有的变化，不需要太担心。”

这样聊聊吧！

“小鸟鸟”被碰了以后会变硬啊！

“小鸟鸟”如果被碰了感到刺激之后，血液聚集在那里就会变硬哦。这也被称为勃起。平时不碰的时候也有可能会变硬，谁都会有的，不需要太担心。

我的“小鸟鸟”比起哥哥的小了很多，以后会变大吗？

就像身体会长大一样，“小鸟鸟”也会长大哦。但是就像每个人的身高和长相不同一样，“小鸟鸟”的大小和形状也是因人而异的。

包茎要怎么办呢

包茎指的是阴茎前段的阴茎头被包皮覆盖着，但包皮无法翻开使阴茎头完全露出来的情况。

在清洗生殖器的时候，上翻包皮进行清洗，然后再翻回原状，多试几次，自然就能露出阴茎头了。请在孩子进入青春期并为此烦恼之前，就把这些告诉他们吧。

照顾好自己的身体（自我照顾）是自立的第一步。进入青春期之后，男孩很容易因为和他人比较阴茎的大小或因自己的包茎问题而感到烦恼，甚至遭到嘲笑。在网络和杂志上，有很多信息显示包茎做手术比较好，所以请不要让他们被这些信息迷惑。

通过包茎这个问题，家长可以让孩子感受到：“可以和爸爸妈妈谈谈在意的事情。”重点是和其他问题一样，不要嘲笑或欺骗他们。不光是家长所说的话，孩子们也能从家长的表情和态度中感受到某些信息。

\ 这样聊聊吧！ /

我的“小鸟鸟”，这样没关系吗？

为什么会这么想呢？

在浴室里看到了爸爸的，感觉好像和爸爸的不一样。我的前端好像被藏起来了一样。

这样啊，原来是因为不一样而感到不安。每个人的“小鸟鸟”大小和形状都不同，不用担心哦！

这样呀？颜色也不一样呢？

颜色也有很多种哦。在洗澡的时候，要把皮（包皮）翻起来清洗，然后再翻回原状。

什么是喜欢别人

喜欢别人是什么意思呢？就算是大人，也很难表达出这种感情。可能是想到那个人的时候就很开心，也可能是想要更加了解对方，也有人会为此紧张到无法和对方说话。

孩子们对自己身边人的“喜欢”会随着成长不断向外扩展，最后“喜欢”上各种各样的人。

当问到“为什么喜欢那个人？”，可能会得到类似“因为人很好”“唱歌很好听”“很帅”这样的回答。毕竟，每个人都有自己不同的魅力所在。

在如今这个“性教育普遍缺乏的社会”，喜欢异性被认为是“理所当然”的，与此不同的情况则会被耻笑，被认为是“奇怪的”。请告诉孩子们，在不同的情况下，有多种多样的“喜欢”。

这样聊聊吧！

我说我喜欢××，却被别人说：“女孩喜欢女孩，好奇怪啊。”

这样啊，你喜欢××什么呢？

嗯……她很温柔，和她一起玩儿很开心。

原来是喜欢××的优点呀，希望你能珍惜这种喜欢哦。

聊聊身边的关系——“家人”

家里都有谁呢？有些家庭有爸爸妈妈、兄弟姐妹、爷爷奶奶，可能还会有其他亲戚，或者还有作为家庭重要成员的宠物。

也有只有父亲和孩子、母亲和孩子组成的家庭，也有夫妻二人组成的家庭，更有一个人生活的家庭。所以家长们应该早些让孩子们知道，这个世界上，家庭拥有很多形态。家庭多样化是全世界广泛的共识。在日本，家庭形态也在不断多样化。然而，在当今社会，依然存在着“家庭应该如此”的想法，这是非常狭隘的。

就算孩子感到“自己的家庭有些不同”，家长也不要让他们感到不安，觉得会引人注意，而要肯定地说：“我们家就是这样的。”如果每一个人都能够认同不同的家庭与生活，那么这个社会就能变得更加美好。

\ 这样聊聊吧！ /

××的家里只有爸爸，为什么呀？

我也不知道呢。如果有像××一样只和爸爸一起生活的家庭的话，那应该也会有和爸爸妈妈一起生活的家庭或者只和奶奶一起生活的家庭。

××也和叔叔一起住呢。

还有一个人住的哦，也有儿子和爸爸住、女儿和妈妈住的情况。各种各样的家庭都有。

哦～

关于小宝宝的知识

“小宝宝是从哪里来的呢？”

问这个问题的孩子并不是想了解性行为，他们只想了解自己是如何出生的，想要知道诞生的秘密。另外，他们也可能从身边人那里接触了怀孕和生产的事情。这个时候请不要欺骗他们，而是告诉他们正确的知识。在这个基础上，家长不要搞“一言堂”，可以问问他们“为什么想知道呢”“你是怎么想的呢”。结合他们的理由，家长可以思考如何解释能让他们更容易听懂。

不要以为“孩子什么都不懂”就撒谎，或者说些没有科学根据的话，转移话题等。也不要说一些否定的话，认为他们不应该“这么小就开始关心性这个话题”。如果遇到自己也不知道的情况，可以诚实地告诉孩子：“妈妈（爸爸）也不明白，我们一起查查看吧。”重要的是传达自己在与孩子对话的过程中愿意与他们一起思考。对于幼儿来说，理解语言是很难的，就算使用绘本，他们可能还是不懂，这种情况下请不要焦虑，一点点地向他们解释就可以了。

\ 这样聊聊吧！ /

婴儿是从哪里来的呢？

女性身体里的卵子遇到了男性身体里的精子，就有了受精卵，也就是婴儿形成的基础。受精卵一开始只有针尖儿那么大，是生命的开始。

原来婴儿是从受精卵变化来的啊！

小宝宝是从哪里来的呢

虽然孩子们知道了婴儿是从受精卵开始的，但他们可能会继续问具体的问题，比如，卵子和精子是怎样相遇的呢？也就是说，家长要如何告诉他们关于性行为的事情呢？这是一个很难回答的问题。但不管怎样，家长都不应该惊慌失措地对他们说：“不要问这种事情！”

如果一时不知道怎么回答，可以对他们说：“你问了一个好问题呢！”“为什么想知道这些呢？”这样可以给自己一些思考时间，或者对他们说：“我不知道怎么清楚地解释，让我们一起去图书馆找书看看吧。”

如果是养了小动物或昆虫的家庭，孩子应该知道有些动物可以通过交尾繁衍后代。这种情况下，家长可以说：“人和昆虫、小动物是一样的。只是人不叫交尾，而叫性行为。”

不要骗他们“是鸟衔来的”，而应该告诉他们关于受精的事情：“为了把精子安全地送到卵子身边，需要阴茎插入阴道进行射精哦。”

\ 这样聊聊吧！ /

卵子和精子是怎么相遇的呢？

阴茎插入阴道进行射精的时候，大量的精子就会靠近卵子。在这个过程中，会有一个精子与卵子结合形成受精卵。

只有一个吗？

是的，只有一个，这就是生命的起源哦。

听起来很厉害的样子。

小宝宝是怎么长大的呢

受精卵在子宫中不断地进行细胞分裂，最终长大成胎儿，大约在母亲怀孕38～40周时出生。

胎儿通过脐带，从母亲身体里汲取营养和氧气，逐渐长大。母亲的子宫中充满羊水，能够保护胎儿不受外界冲击。大约20周时胎儿开始吞咽羊水，并为了清洁身体内部而排尿。胎儿肠内的排泄物会在出生后，作为胎便排出。

胎儿吞咽羊水、吸手指等都是为出生后喝母乳、牛奶做的练习。家长也可以这样告诉孩子们：这就是婴儿的力量。

这样聊聊吧！

小宝宝是怎么长大的呢？

卵子和精子相遇后就变成了受精卵，一开始只有针尖儿大小，但它会不断在妈妈肚子（子宫）中长大，渐渐长成婴儿的样子。他们长成米粒大小的时候，就已经有心跳了哦。

哇，好厉害！婴儿在妈妈肚子里的时候怎么吃饭呢？

在肚子里的时候，婴儿通过和妈妈相连的“脐带”来吸收养分并不断长大。长到12周左右的时候，婴儿大约有12厘米（大约手掌张开时大拇指与食指的距离）长，这个时候虽然很小，但是已经有了手和脚呢。

明明那么小却有手呢！

是的。婴儿长到38周大的时候，大概就有50厘米长、3千克重。

那他们什么时候出生呢？

出生的时候，他们蜷缩在妈妈的子宫里，会发出一些想要出来的信息。根据他们要出生的迹象，慢慢就会出来哦。

婴儿在子宫里干些什么呢？

子宫里有水（羊水），婴儿就待在那些水里哦。

听起来好像很舒服的样子。

他们并不是一直很安静的，他们会吸手指，练习喝奶，或者踢踢妈妈的肚子。婴儿会在妈妈子宫里一直练习出生以后要做的事情哦。

在子宫里的婴儿也会大小便吗？

婴儿会喝妈妈子宫里的水，然后为了清洁身体内部排出小便。大便则会在他们的肚子里留下来，等到他们出生的时候就会排出来。

小宝宝是从哪里出生呢？

在妈妈小便和大便的出口中间，有一个阴道口，阴道口和子宫相连。当婴儿要出生时，妈妈就会开始阵痛，子宫开始收缩，把婴儿推出体外。婴儿也会转动身体向子宫口靠近，逐渐从阴道口生出来。虽然很痛苦，但婴儿也很努力。

我也是这么被生出来的吗？

是的，妈妈和你都很努力哦。

原来我也很努力呀！

也有把子宫切开取出婴儿的方法，叫作剖宫产。生产有各种各样的方法，不管哪一种方法都是为了妈妈和婴儿的安全哦。

人死了是什么意思呢

或许有时我们会从性谈到生命和死亡。就像本书前面所写，有时我们也会被孩子问到关于死亡的事情。

过去，死亡就发生在日常生活中。爷爷奶奶辈的老人身体逐渐衰弱，需要在家中被家人照顾，直到去世。那时的孩子会经历这样的事情，自然也就能理解死亡的意思。而在今天，社会中的核心家庭（小家庭化）越来越多，孩子很少能看到身边人的死亡。

小孩子虽然能理解“活着”和“死去”的意思，但他们可能认为死亡“只是去了很远的地方”“只是睡着了”“还能复活的”。到孩子6～9岁的时候，家长向他们详细解释，他们就能理解人死之后是无法复活的。

在对死亡产生极大恐惧的同时，他们可能会认为自己是不会死的。这个时候，他们会对死亡产生很大的兴趣，并提出很多问题。

这样聊聊吧！

人死之后会怎样呢？

人死之后，心脏会停止跳动，呼吸也会消失；身体会逐渐变冷，不会再复活了，所以人们会举办葬礼和他们告别。

人死之后会去往天国吗？

有没有天国，爸爸也不知道，但是关于死去的人的回忆还在我们心中留着哦。

奶奶说："男子汉是不可以哭的。"

男女都会有悲伤的时候，哭出来也没关系。

如何跨越死亡的悲伤呢

当身边重要的人去世时，我们会有各种各样的情感，悲伤、留恋、生气、悔恨、失去感……这类情感被称为哀痛，缓解哀痛的行为被称为安慰。

身边的人去世时，孩子们可能会不安地问："我也会死吗？""爸爸妈妈也会死吗？""人死之后会怎么样呢？会去哪儿呢？""为什么人会死呢？"如果孩子们能用语言和行为来表达悲伤，那么他们可能会有各种各样的反应，比如大哭、愤怒、异常吵闹等。

这个时候，大人应该给予他们什么样的安慰呢？

大人要静静陪伴他们、听他们说话，就算他们闹起来也不要责备，而是要守护着他们。就算他们玩闹或者大笑，也不要责备他们“这个时候不许笑”，因为这也许是孩子表达悲伤的方式。

同时，大人也应该正确地告诉孩子们死亡是什么。死亡对于任何人来说都是会问到的问题。就算那个人去世了，关于他的回忆也不会消失，再也无法见到他的悲伤对于每个人来说都是一样的。并且，请和孩子们约定好不要忘记那个人。

啊？
妈妈！
这样摸别人的身体可以吗？
这样啊，但是别人也会有不想被触摸的时候呀。
唉——因为想要触碰妈妈呀。
想和妈妈拥抱的话，也可以用这种方式哦。

PART 6

这个时候怎么办呢

这一部分将具体介绍如何从家长的角度回答孩子们各种各样关于性的困惑和担忧。

Q1 喜欢“咪咪”

4岁大的儿子不知道为什么很喜欢胸部，就算是出去买东西，也总是要摸胸，需不需要让他注意一下呢?

在洗澡的时候，作为撒娇的表现，孩子们会有想要触摸妈妈乳房的想法。因为是小孩子，所以不要对他们说“不行！”，可以这样说：“在洗澡的时候可以，但是在外面就不能摸了哦”“可以这样摸吗？”如果触摸让你感到不舒服的话，要认真地告诉孩子你不希望被触碰的心情。

此外，这个年龄段的孩子可能不愿再和家长一起洗澡、讨厌被家长抱着。

以上是这个年龄段孩子特有的行为，具体怎么对待，家长可以自行判断。

家长要郑重地向孩子说明，不可以随意触摸别人的身体，不可以强行触摸那些讨厌身体被触碰的人。

Q2 喜欢“小鸟鸟”

5岁大的儿子不管在家里还是在外面总喜欢摸生殖器。因为很不卫生，所以想让他停下来。

人的手会自然而然地触碰生殖器或生殖器周边的部位，有意无意地触碰是很自然的事情。而且小便的时候也不可避免地会碰到，这是很正常的事情。

因为摸生殖器是很自然的行为，所以就算摸了对身心也没有什么坏处。如果家长非常担心的话，可以告诉孩子：“不要让别人看到就好了。因为被看到了可能会被讨厌哦。”

比起摸生殖器这一行为本身，知道孩子为什么会摸、了解原因后采取相应的措施才是更重要的。如果家长一味地斥责他们，只是让他们小心注意的话，他们反而可能会偷偷地摸。

孩子感到孤独的时候，可以和他们一起玩儿，而不要放任他们陷于孤独当中。如果能让他们和别人一起玩儿，或是到室外活动锻炼也能降低他们触碰生殖器的频率。

女孩在小便后没有擦干净尿液的话，尿道口和阴道口就会发痒，所以会去触碰生殖器。但要注意，这或许会成为自慰行为的开始。

另外，生殖器、排泄器官上可能会出现一些炎症，例如细菌性尿路感染、出血性膀胱炎、包皮龟头炎、阴道炎等，必要的时候应及时就医。家长也不要太过担心，要注意孩子的身体，尤其是生殖器、排泄器官的健康。

Q3 儿童性行为

10岁大的儿子在自己的房间内自慰，应该如何是好呢?

过去有说法认为，过度自慰会让大脑变笨，但这完全是迷信和误解，是错误的信息。其实即便孩子自慰了，也没有什么坏处。虽然人们很容易认定孩子的自慰行为是一个问题，但要知道性欲和年龄无关，能够通过性行为来消解欲望，这是他们性自立的第一步。

自慰不只是男孩会有的行为，女孩也会做。有些孩子会因为自慰行为，对自己产生很强的厌恶感和自责的心情。这个时候，家长需要告诉他们："就算自慰了也没有坏处。有性欲是很正常的事情。"

下面是针对自慰的时间、地点、情况的准则：

①不要在别人能看到的地方；

②不要做给别人看；

③不要被别人触碰；

④不要强迫别人也去做；

性是很私人的事情。就算是家长，也不要不敲门就进入孩子的房间，要给予他们独处的空间，保障他们的隐私。

请注意！精液积累太多会生病吗？

当然不会。但还是有人相信这个说法，所以在家中尽早开展正确的性知识教育是很重要的。身体会无休止地制造精子，从精子的产生到精子的成熟，再到射精需要花大约74天。已经衰老的精子会被身体分解吸收，从尿液中排出。虽然身体不断产生新的精子，但精液中的精子含量不超过1%。

Q4 “咪咪”的大小

10岁大的女儿一直苦恼于胸部的大小，她身边的孩子胸部都开始发育了……作为妈妈的我，胸部也并不大，可孩子似乎非常在意。

女孩到了大约9～10岁时，大多数人的乳房会逐渐发育。但乳房发育的快慢因人而异，并且大小和遗传基因、饮食习惯等有着很大的关系。有苦恼于胸小的孩子，也有苦恼于胸部太大的孩子。

错误的认知是胸部大的人会非常受欢迎，胸部小的孩子就会产生“巨乳”情结。其实，无论是生殖器还是胸部，它们的形状和大小都不会影响恋爱、性行为和性关系。

家长应该尽早告诉孩子不需要担忧这种事情；与此同时，要从小开始教育孩子了解自己的身体，并对自己的身体持自我肯定的态度。

Q5 色情网站

9岁大的儿子会使用手机观看色情网站。他觉得父母并不知道，我应该怎么教育他呢？

如今在网络上能够方便地看到各种视频，就算屏蔽了这些网站，孩子也能轻易找到解决的方法。不让他们看，或是和他们约定好不看，其实都是没有意义的。

如果孩子观看这类网站只是出于好奇，就不用过多担心。

但是，色情网站和成人视频经常会出现强迫女性进行性行为的场景，以及展现性行为很舒服的镜头，并充斥着大量暴力的性行为。对于没有知识和经验的孩子来说，他们会认为进行这样的性行为是没问题的，大家都是这么做的。

关于性行为的问题是没有标准答案的，也很难在亲子间进行沟通。家长可以这样做，例如家人们一起看电视时，看到了有关性的场景，可以问问孩子："你觉得怎么样呢？"或是发牢骚地说："这种事情真的很舒服吗？！"重要的是，要在家中构建起能够直率地交流与性相关的话题的氛围。

Q6 性与心是一致的

读小学一年级的女儿不喜欢穿红色的衣服和裙子。我很担心她是不是有性别识别障碍……

性别识别障碍就是希望以和出生时不同的性别活下去的心理。

比如，“明明是女孩却不想穿裙子”“明明是男孩却喜欢粉色的衣服”等。有许多家长担心：“我的孩子是不是有性别识别障碍呢？”

家长为什么这样担心，其实是因为“性与心就该一致”“男生当然喜欢女生，女生当然喜欢男生”这样的观念根植于当今社会。然而，关于自己应该以哪种性别生活下去、自己要和谁构建恋爱关系这类问题的答案可以是多元化的。如果孩子们说“男孩居然喜欢玩儿过家家”“女孩居然不喜欢可爱的衣服”，家长要告诉他们“那也没什么奇怪的”。

但是，就算已经理解了上述观念，如果自己的孩子被确诊为性别识别障碍，还是让人难以接受。

有一位母亲曾经说，自己的女儿在上托儿所的时候，不喜欢穿女生校服、不喜欢背红色书包，一直被看作问题儿童。她说：“虽然必须接受孩子的样子，但是自己无时无刻不感到困惑。”然而，在她了解到性别识别障碍之后，在不断与有同样遭遇的人进行交流的过程中，她的心态逐渐发生了变化。

我们长期受到“以出生时的性别生活下去是理所应当的”观念影响，自然会感到困惑。但是，作为孩子身边最亲近的家长，至少我们要理解孩子的特别之处，认可并陪伴他们。如果孩子们不想说，就不要追问，要知道他们为什么想要这样做的理由也是多样的。

Q7 朋友或恋人

10岁大的女儿以前会说“喜欢×××”，但最近却说“正在交往”，这样放任下去真的好吗?

还是小学生的孩子们会说“喜欢×××”，会高高兴兴地和喜欢的小朋友手牵手，相互亲吻对方的脸颊，不会相互生气、发牢骚。但是，要告诉他们：“如果对方不喜欢的话，那就不可以哦！”“不是在什么地方都可以这样做的。”

从小学高年级开始，因为孩子的身体发育逐渐接近成年人，家长会因性行为、怀孕等问题而担忧，还会思考是不是要限制孩子们的交往。

“有了喜欢的人，真厉害！”应该像这样尊重孩子和他喜欢的人（就算对方不是自己喜欢的那种孩子）。但同时，也要倾听他们的心声，告诉他们自己的想法：“爸爸妈妈有些担心这些事情……”不要一味地反对，一定要确保亲子之间能够开心交流的环境。

Q8 孕育生命的地方

女儿是小学低年级学生，最近我们想要生一个弟弟或妹妹了，要不要让她陪产呢？

对于要不要让孩子陪产这件事，人们有不同的观点。一方面，很多家长希望，通过胎儿出生的那一瞬间，让孩子学习到关于生命的知识。但另一方面，也有家长不希望孩子看到母亲痛苦的样子，不希望吓到他们。另外，有的孩子会因为这件事感到不安，认为有了弟弟妹妹，爸爸妈妈就会被抢走。那家长应该怎么做呢？

首先，要从平时触摸妈妈的肚子开始，对孩子说：“真想快点儿见面呀！”“如果被哥哥姐姐触碰了，小宝宝也会高兴哦。”这样一来，就能够让孩子感受到婴儿就在自己身边，慢慢地接受婴儿的存在。

然后，关于想不想陪产，家长要问问孩子的意见，比如，

"想不想一起去生宝宝的地方？"另外，家长也要提前告诉他们："如果觉得很恐怖，马上出去也可以。"如果有什么问题，也可以让爸爸、奶奶等大人陪着他们。

生产后，爸爸妈妈要向他们表示感谢，可以对他们说："因为有你在，我们才能这么努力""你和小宝宝一样重要""谢谢你"。

Q9 像不像爸爸妈妈

孩子问："明明小宝宝是在妈妈的肚子里，为什么出生后会长得像爸爸呢？"这时候家长应该怎么回答呢？

对于孩子来说，生命的诞生是很不可思议的，所以才会对这件事情这么感兴趣。

他们可能会从各种角度来提问。问出这些问题的时候，家长可以告诉他们，婴儿是男人的精子和女人的卵子结合在一起才生出来的，所以无论是像爸爸还是像妈妈，都有可能。如果只有爸爸或只有妈妈一方，是无法创造生命的，两方都是非常重要的。

如果孩子问了更详细的问题，家长也可以告诉他们："为了让精子接近卵子，需要阴茎插入阴道进行射精。"如果可以的话，也可以使用绘本来进行解释。若能在孩子还未形成偏见的时候告诉他们实情，之后的性教育也会进行得更加容易。

后　记

和孩子们一起开心地接受性教育吧!

是不是想过“那么接下来就开始进行性教育吧”？是不是想过“嗯，好像有些难，那还是等到有必要的时候再看吧”？还是……

本书的内容只是家庭性教育的第一步，并不能帮助家长完全、顺利地进行性教育。请不要强迫自己一定要完全按照本书进行性教育。即便有迷惑的时候或者与孩子沟通“失败”的时候，也请家长一定要努力地建构能让孩子信任的亲子关系。如果你能成功地进行性教育的话，是我们的荣幸。我们相信如果能够讨论与性相关的话题，之后什么话题都是可以讨论的。

阅读本书就像在学习如何与人交际，可以说是一种模拟练习。模拟练习是体育竞技中常用的练习方式之一。它并不是在实际中进行，而是通过想象来提高技术和战术。

家庭性教育可以通过日常想象以下问题，来提高对话能力：①随着孩子长大和发育，他们会对什么感兴趣呢？②性教育有什么内容呢？③教些什么内容比较好呢？另外，享受与孩子之间的对话也是非常重要的。本书罗列了儿童性教育中的重点，旨在帮助家长展开一系列认真而具体的对话。希望你在读过之后，认真实践。

“PART 1”“PART 2”“PART 4”是由艮负责编写的，“PART 3”“PART 5”“PART 6”是由浅井进行编写的，并在双方讨论的基础上整合所有内容。

最后，非常感谢版式设计野秋真纪子女士、执笔石井荣子女士，以及朝日新闻出版社的端香里女士从策划阶段就给予的大力支持，在此特别感谢。

[日] 浅井春夫

[日] 艮香织

附　录

关于联合国教科文组织《国际性教育技术指导纲要（修订版）》

▶ 本书中所提到的《国际性教育技术指导纲要（修订版）》是什么？

《国际性教育技术指导纲要（第一版）》（2009年）是在联合国艾滋病规划署（UNAIDS）、联合国人口活动基金会（UNFPA）、联合国儿童基金会（UNICEF）、世界卫生组织（WHO）的帮助下，由联合国教科文组织（UNESCO）编写而成。《国际性教育技术指导纲要（修订版）》（2018年）有联合国妇女署（UN Women）的加入，是基于这10年来取得的成果而编写成的。

性教育基本方向性的文件有两份，一份为这份纲要，另一份为由世界卫生组织欧洲地区事务所及德国健康研究中心一起编写的《欧洲性教育标准》（2010年发行）。后者主要在欧洲被广泛使用。

▶ 《国际性教育技术指导纲要（修订版）》的特征是什么？

有人可能一听到国际文件，就认为这是很难理解的。但事实上，这份文件在基本方向上，为怎样推行性教育、性教育有哪些内容、和谁一起进行性教育等问题，提出了建设性的意见，并且它是一份能够应用于不同地域及国家的文件，以下是几个要点。

【要点】

- 性教育不只包括身体的知识——内容总括（8大核心概念）。
- 家庭、学校、社会机构、行政机构都应当参与其中——各方应当一同合作。
- 不要只用“要注意哦”“很恐怖”这样的抑制性表述，提供能学习到相关知识、态度和技能的机会也非常重要。
- 虽然根据4个年龄阶段（5～8岁、9～12岁、12～15岁、15～18岁）已整理出了相应的内容，但也要考虑个体的差异性，重复多次地进行性教育是很有必要的。
- 不要说大人和社会“应该这样做”，学习是我们生而为人的重要权利。
- 虽然对男性和女性的划分是国际化的标准，但有时依据性别做了“应该这样做”的事情有可能变得很痛苦。因此，我们必须摒弃“男性应该这样，女性应该那样”的偏见，而应该意识到每个人都可以用自己的方式生活下去。

▶ 性教育包括哪些内容？

就像有8大核心概念一样，性教育的内容非常广泛。你学过的内容有哪些呢？在这份纲要中，根据各类项目和年龄的不同，具体说明了如何设立目标和孩子们应当具备什么能力。

关系

1.家庭
2.友谊、爱及恋爱关系
3.宽容、包容及尊重
4.长期承诺及子女养育

价值观、权利、文化与性

1.价值观与性
2.人权与性
3.文化、社会与性

理解社会性别

1.社会性别及其规范的社会建构
2.社会性别平等、刻板印象与偏见
3.基于社会性别的暴力

暴力与安全保障

1.暴力
2.许可、隐私及身体完整性
3.信息与通信技术（ICTs）的安全使用

健康与福祉技能

1.社会规范和同伴对性行为的影响
2.决策
3.沟通、拒绝与协商技巧
4.媒介素养与性
5.寻求帮助与支持

人体与发育

1.性与生殖解剖及生理
2.生殖
3.青春发育期
4.身体意象

性与性行为

1.性与性的生命周期
2.性行为与性反应

性与生殖健康

1.怀孕与避孕
2.艾滋病病毒和对艾滋病的污名、关爱、治疗及支持
3.理解、认识与减少包括艾滋病病毒在内的性传播感染风险

*以上摘自联合国教科文组织中文版文件。